| 초급 |

친절한 한국어 2

FRIENDLY KOREAN

부산대학교 언어교육원 지음
The Language Education Institute of the Pusan National University

PNU Press

Friendly Korean 2 (3rd edition)

The Language Education Institute of the Pusan National University
Telephone : +82-51-510-1984
Fax : +82-51-514-3944
E-mail : foreign@pusan.ac.kr
http://international.pusan.ac.kr

Published by PNU press Publishing Co.
Busandaehakro 63 beongil 2(Jangjeon-dong), Geumjeong-gu, Busan 609-735, Korea
Telephone : +82-51-510-1932
Fax : +82-51-512-7812
E-mail : pnupress@hanmail.net
http://press.pusan.ac.kr

Second edition published 2018
Printed in Korea

ISBN : 978-89-7316-614-5 14710
ISBN : 978-89-7316-600-8 SET

Contents

목차

친절한 한국어 ②

책을 펴내면서

1960년대부터 시작된 외국어로서의 한국어 교육은 학습 목적에 맞는 다양한 교재의 개발과 체계적인 한국어 교수법의 연구 등 내실 있는 발전을 위한 노력이 계속되고 있다. 이후 계속된 연구를 통해 현재는 외국어 학습의 목적이 이해에서 그치는 것이 아닌 기능을 중심으로 한 사용으로 확대되어야 한다는 인식이 자리를 잡아가고 있다.

〈친절한 한국어〉는 이러한 한국어 교육의 흐름에 부합하고자 2007년 초급 교재의 개발에 착수한 이래 몇 번의 개정을 거쳐 이번에 전면 개편에 이르게 되었다. 국내외 한국어 교육 환경의 변화나 학습자 성향, 학습 목적 등의 변인이 생기면서 그에 맞는 전면 개편의 필요성이 대두했기 때문이다.

〈친절한 한국어〉는 듣기, 읽기, 말하기, 쓰기의 통합 교재로 주제나 기능 면에서 초급에서 중·고급까지 연계되도록 구성되었다. 각 급에서 필요한 언어적 기능 및 통합 교재로서의 기능을 수행하도록 하면서 특히 말하기 능력을 강화할 수 있도록 구성하였다. 이를 위해 문법 인지를 위한 지문을 모두 상황과 맥락이 있는 대화문으로 구성하고 문법 내용 인지와 간단한 연습 후 〈말해 봅시다〉를 통해 문법을 내재화할 수 있는 활동으로 구성하였다.

듣기나 읽기도 다양한 주제와 상황을 가미하여 실생활에서 활용할 수 있도록 하였고 후 활동으로 말하기 활동을 연계하도록 구성하였다. 급수에 따라 개인적인 주제와 사회적인 주제의 비율을 적절히 조정하였고 주제에 맞게 뉴스나 책, 방송 매체 등 다양한 매체를 활용하였다. 또한 듣기나 읽기에서 충분히 다룬 주제를 쓰기로 연계하면서 필요에 따라 글의 종류에 맞게 구성하는 글쓰기 방법도 제시하였다.

중급부터는 〈속담〉, 〈관용어와 의태어〉 등의 문화 항목을 추가하여 한국어와 더불어 한국의 문화를 이해할 수 있도록 구성하였고 내용에 맞는 삽화를 추가하여 한국어 및 한국 문화 학습에 재미를 더하였다. 이러한 항목들을 통해 한국어뿐만 아니라 한국에 대한 깊이 있는 이해와 한국 문화에 대한 소양도 갖출 수 있도록 하였다.

이번 〈친절한 한국어〉 개편은 많은 분들의 노고와 정성이 있었기에 가능한 일이었다. 연일 사상 최대라는 무더위에 휴일도 반납하고 집필에 힘을 쏟아 주신 교재개발팀 선생님들과 꼼꼼하게 검수해 주신 언어교육원 선생님들, 그리고 책이 발간되기까지 아낌없이 지원해 주신 행정실 직원분들, 그 밖에 출판부 담당자분들을 비롯한 많은 분들에게 감사의 말씀을 전하고 싶다.

아울러 많은 이들의 땀과 정성의 결실인 〈친절한 한국어〉가 한국어와 한국 문화를 배우려는 국내외의 많은 외국인 학습자들의 한국어 학습에 큰 도움이 되기를 바란다.

2019년 2월

부산대학교 언어교육원

원장 이문석

• 단원표지

단원 제목 : 단원의 주제 및 문법을 노출하여 각 과의 학습 내용을 추측할 수 있도록 하였다.

삽화 : 학습자들의 흥미와 동기를 유발할 수 있도록 구성하여 단원의 내용을 알 수 있게 하였다.

학습 목표 : 문법 항목 및 각 영역의 소제목을 제시하여 각 단원에서 배워야 할 것이 무엇인지 분명히 알고 학습의 방향을 세울 수 있도록 하였다.

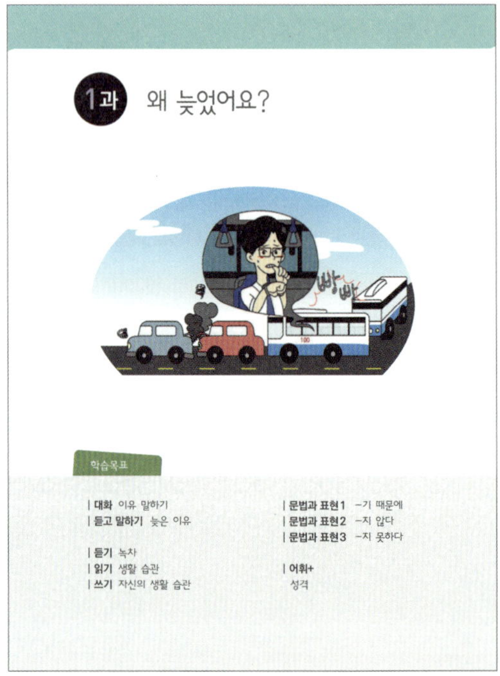

1과 왜 늦었어요?

학습목표

| 대화 이유 말하기
| 듣고 말하기 늦은 이유
| 듣기 녹차
| 읽기 생활 습관
| 쓰기 자신의 생활 습관
| 문법과 표현1 -기 때문에
| 문법과 표현2 -지 않다
| 문법과 표현3 -지 못하다
| 어휘+ 성격

• 대화

대화 지문 : 목표 문법과 어휘를 포함한 모범 대화문을 통해 학습 목표와 관련된 여러 의사소통 상황을 학습하도록 하였다.

이야기해 봅시다 : 〈대화〉에서와 유사한 상황이나 맥락을 제시하여 스스로 대화를 구성할 수 있도록 하였다.

그리고 각 영역마다 〈단어장〉을 제시하여 새로운 어휘를 학습할 수 있도록 하였다. 그리고 〈단어 색인〉을 제시하여 학습한 어휘를 쉽게 찾아 볼 수 있게 하였다. 학습 주제에 따라 반드시 필요한 어휘는 사용 빈도가 낮더라도 포함시켰다.

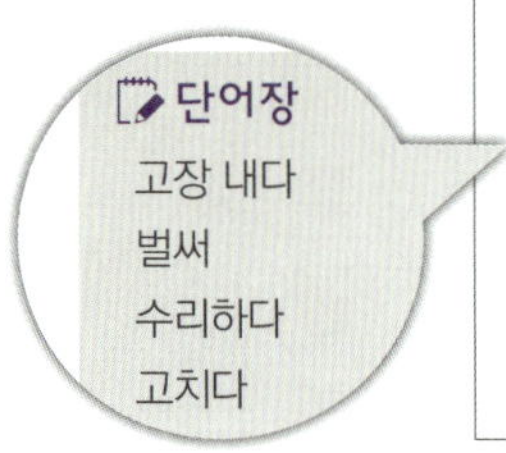

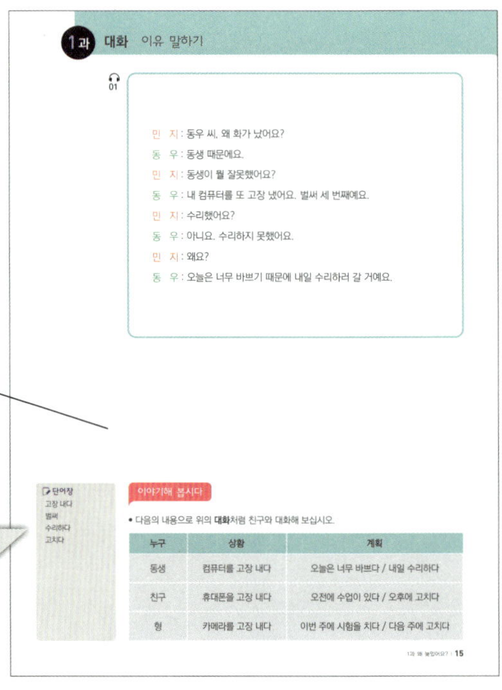

1과 대화 이유 말하기

01

민 지 : 동우 씨, 왜 화가 났어요?
동 우 : 동생 때문에요.
민 지 : 동생이 뭘 잘못했어요?
동 우 : 내 컴퓨터를 또 고장 냈어요. 벌써 세 번째예요.
민 지 : 수리했어요?
동 우 : 아니요. 수리하지 못했어요.
민 지 : 왜요?
동 우 : 오늘은 너무 바쁘기 때문에 내일 수리하러 갈 거예요.

단어장
고장 내다
벌써
수리하다
고치다

이야기해 봅시다

• 다음의 내용으로 위의 대화처럼 친구와 대화해 보십시오.

누구	상황	계획
동생	컴퓨터를 고장 내다	오늘은 너무 바쁘다 / 내일 수리하다
친구	휴대폰을 고장 내다	오전에 수업이 있다 / 오후에 고치다
형	카메라를 고장 내다	이번 주에 시험을 치다 / 다음 주에 고치다

15

• 문법과 표현

예문 : 실제 상황을 반영한 예문을 통해 목표 문법이 언제, 어떻게 사용되는지를 알 수 있게 하였다.

연습 : 대화형 연습 문제를 통해 문법의 활용도를 높여 학습자가 이해했는지를 확인할 수 있도록 하였다.

말해 봅시다 : 제시된 대화 틀을 활용하여 대화를 구성하거나 목표 문법을 사용하여 주제에 맞는 질문과 대답을 할 수 있게 하였다. 이러한 활동을 통해 단순 교체 연습에 끝나지 않고 스스로 대화문을 구성하면서 담화에 대한 이해력을 기를 수 있다.

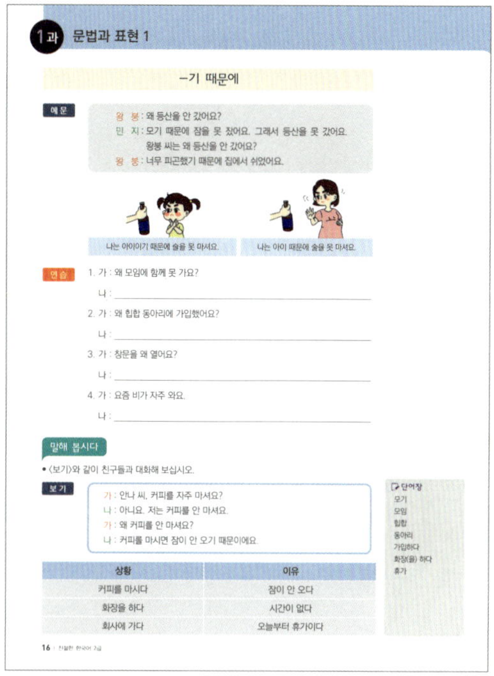

1과 문법과 표현 1

−기 때문에

예문

왕 붕 : 왜 등산을 안 갔어요?
민 지 : 모기 때문에 잠을 못 잤어요. 그래서 등산을 못 갔어요. 왕붕 씨는 왜 등산을 안 갔어요?
왕 붕 : 너무 피곤했기 때문에 집에서 쉬었어요.

나는 아이이기 때문에 술을 못 마셔요. / 나는 아이 때문에 술을 못 마셔요.

연습

1. 가 : 왜 모임에 함께 못 가요?
   나 : ____________
2. 가 : 왜 힙합 동아리에 가입했어요?
   나 : ____________
3. 가 : 창문을 왜 열어요?
   나 : ____________
4. 가 : 요즘 비가 자주 와요.
   나 : ____________

말해 봅시다

• 〈보기〉와 같이 친구들과 대화해 보십시오.

보기

가 : 안나 씨, 커피를 자주 마셔요?
나 : 아니요. 저는 커피를 안 마셔요.
가 : 왜 커피를 안 마셔요?
나 : 커피를 마시면 잠이 안 오기 때문이에요.

상황	이유
커피를 마시다	잠이 안 오다
화장을 하다	시간이 없다
회사에 가다	오늘부터 휴가이다

단어장: 모기, 모임, 힙합, 동아리, 가입하다, 화장(을) 하다, 휴가

16 | 친절한 한국어 2급

• 듣고 말하기

듣기 지문 : 다양한 주제를 듣기 자료로 제시하여 내용과 관련된 정보를 얻고 어휘나 표현을 확장할 수 있게 하였다.

이야기해 봅시다 : 제제시된 대화 틀을 듣기 대화문에 활용하여 스스로 대화를 구성하거나 듣기 내용을 바탕으로 자유롭게 자신의 생각을 이야기할 수 있도록 하였다.

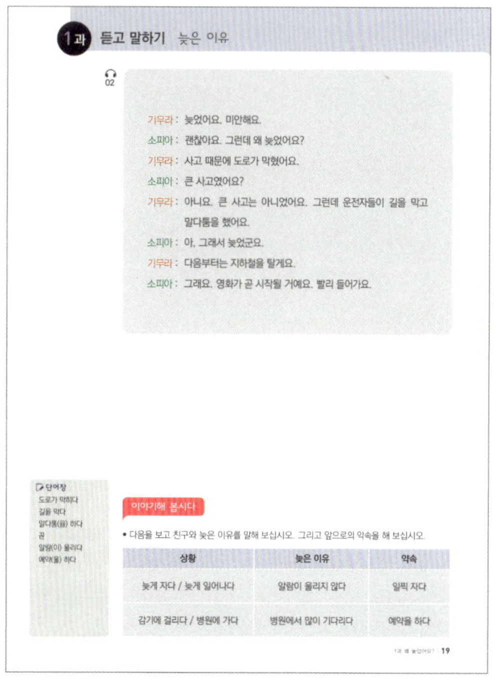

1과 듣고 말하기 늦은 이유

02

기무라 : 늦었어요. 미안해요.
소피아 : 괜찮아요. 그런데 왜 늦었어요?
기무라 : 사고 때문에 도로가 막혔어요.
소피아 : 큰 사고였어요?
기무라 : 아니요. 큰 사고는 아니었어요. 그런데 운전자들이 길을 막고 말다툼을 했어요.
소피아 : 아, 그래서 늦었군요.
기무라 : 다음부터는 지하철을 탈게요.
소피아 : 그래요. 영화가 곧 시작될 거예요. 빨리 들어가요.

단어장: 도로가 막히다, 길을 막다, 말다툼(을) 하다, 곧, 알람(이) 울리다, 예약(을) 하다

이야기해 봅시다

• 다음을 보고 친구와 늦은 이유를 말해 보십시오. 그리고 앞으로의 약속을 해 보십시오.

상황	늦은 이유	약속
늦게 자다 / 늦게 일어나다	알람이 울리지 않다	일찍 자다
감기에 걸리다 / 병원에 가다	병원에서 많이 기다리다	예약을 하다

19

• 듣기

삽화 및 사진 : 듣기 전 단계로 주제와 관련된 정보를 이야기하면서 들을 내용을 예측하고 주제에 대한 배경 지식을 활성화할 수 있게 하였다.

듣기 문제 : 듣기 단계에서 들은 내용을 이해하였는지 확인하는 문제를 제시하였다.

이야기해 봅시다 : 들은 후 단계로 들은 내용과 관련된 주제에 대해 자신의 경험이나 생각을 자유롭게 이야기 해 보도록 하였다.

1과 듣기

• 녹차로 만든 상품입니다. 다음을 보고 이야기해 보십시오.

◉ 다음을 듣고 물음에 답하십시오. 03

1. 녹차가 들어간 상품을 모두 고르십시오.

녹차 빵	☐	녹차 종이	☐
녹차 라면	☐	녹차 비누	☐
녹차 김치	☐	녹차 화장품	☐
녹차 초콜릿	☐	녹차 아이스크림	☐

2. 들은 내용과 다른 것을 고르십시오. ( )
   ① 마트에서 녹차를 쉽게 살 수 있습니다.
   ② 녹차가 들어간 비누가 내년에 나옵니다.
   ③ 사람들은 건강 때문에 녹차를 많이 마십니다.
   ④ 다이어트를 하는 사람들은 녹차를 좋아합니다.

단어장
상품
화장품
넣다
가루
관심을 가지다

이야기해 봅시다

• 자신이 좋아하는 차와 그 이유에 대해 친구와 대화해 보십시오.

말하기 Tip
민지 씨는 무슨 차를 좋아해요?
왜 그 차를 마셔요?

20 | 친절한 한국어 2급

• 읽기

삽화 및 사진 : 읽기 전 단계로 주제와 관련된 정보를 이야기하면서 읽을 내용을 예측하고 주제에 대한 배경 지식을 활성화할 수 있게 하였다.

읽기 지문 : 다양한 유형의 글을 읽기 자료로 제시하여 내용과 관련된 정보를 얻고 어휘나 표현을 확장할 수 있게 하였다.

읽기 문제 : 읽은 내용을 문단별로 정리한 후 내용을 이해하였는지 확인하는 문제를 제시하였다.

이야기해 봅시다 : 읽은 후 단계로 읽은 내용과 관련된 주제에 대해 자신의 경험이나 생각을 자유롭게 이야기 해 보도록 하였다.

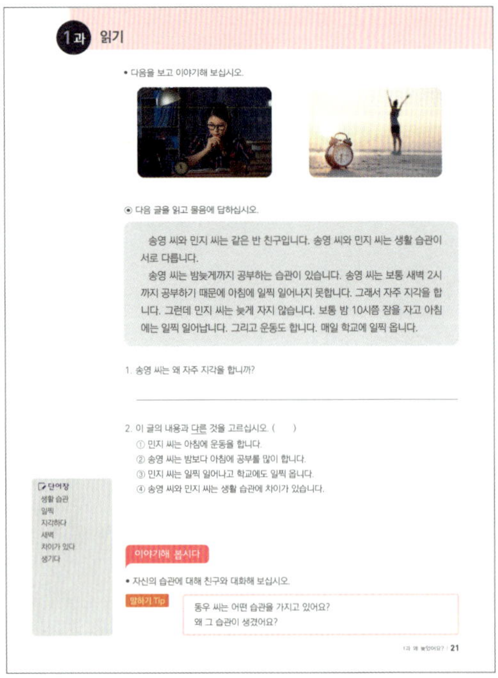

1과 읽기

• 다음을 보고 이야기해 보십시오.

◉ 다음 글을 읽고 물음에 답하십시오.

송영 씨와 민지 씨는 같은 반 친구입니다. 송영 씨와 민지 씨는 생활 습관이 서로 다릅니다.

송영 씨는 밤늦게까지 공부하는 습관이 있습니다. 송영 씨는 보통 새벽 2시까지 공부하기 때문에 아침에 일찍 일어나지 못합니다. 그래서 자주 지각을 합니다. 그런데 민지 씨는 늦게 자지 않습니다. 보통 밤 10시쯤 잠을 자고 아침에는 일찍 일어납니다. 그리고 운동도 합니다. 매일 학교에 일찍 옵니다.

1. 송영 씨는 왜 자주 지각을 합니까?

2. 이 글의 내용과 다른 것을 고르십시오. ( )
   ① 민지 씨는 아침에 운동을 합니다.
   ② 송영 씨는 밤보다 아침에 공부를 많이 합니다.
   ③ 민지 씨는 일찍 일어나고 학교에도 일찍 옵니다.
   ④ 송영 씨와 민지 씨는 생활 습관에 차이가 있습니다.

단어장
생활 습관
일찍
지각하다
새벽
차이가 있다
생기다

이야기해 봅시다

• 자신의 습관에 대해 친구와 대화해 보십시오.

말하기 Tip
동우 씨는 어떤 습관을 가지고 있어요?
왜 그 습관이 생겼어요?

1과 왜 늦었어요? | 21

• 쓰기

개요 쓰기 : 각 단원과 관련된 주제를 선정하였다. 글을 쓰기 전에 개요를 작성하여 글쓰기를 준비할 수 있게 하였다.

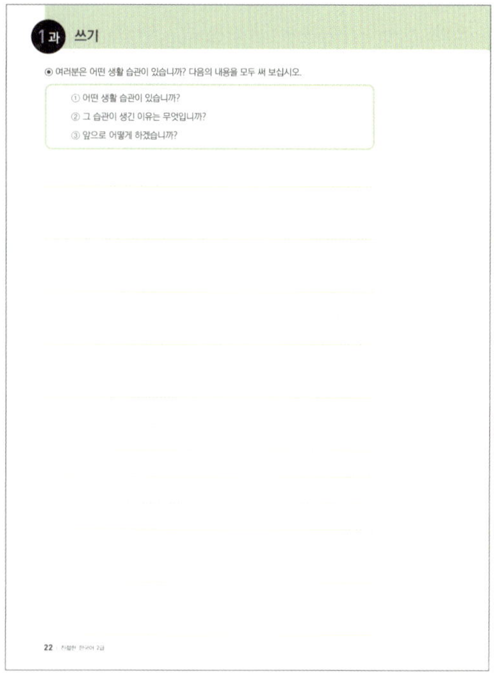
1과 쓰기

◉ 여러분은 어떤 생활 습관이 있습니까? 다음의 내용을 모두 써 보십시오.

① 어떤 생활 습관이 있습니까?
② 그 습관이 생긴 이유는 무엇입니까?
③ 앞으로 어떻게 하겠습니까?

원고지 쓰기 : 개요를 바탕으로 다양한 주제의 글을 써 보는 연습을 하게 하였다.

• 어휘+

각 단원의 주제와 관련된 어휘 및 문법을 제시하거나 확장하였다.

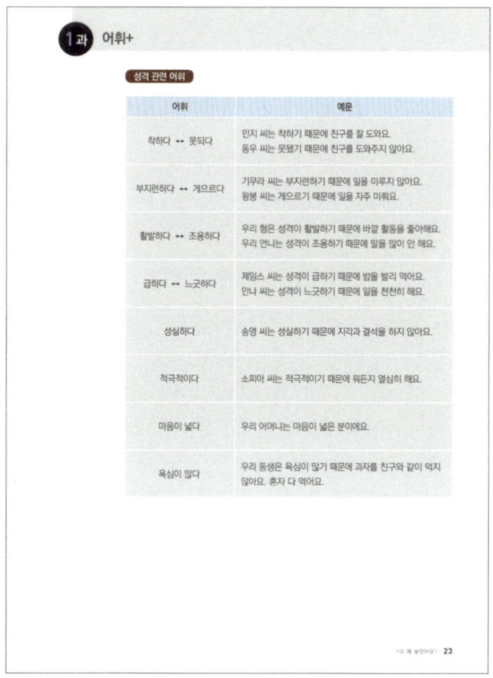
1과 어휘+

성격 관련 어휘

어휘	예문
착하다 ↔ 못되다	민지 씨는 착하기 때문에 친구를 잘 도와요. 동우 씨는 못됐기 때문에 친구를 도와주지 않아요.
부지런하다 ↔ 게으르다	기무라 씨는 부지런하기 때문에 일을 미루지 않아요. 왕봉 씨는 게으르기 때문에 일을 자주 미뤄요.
활발하다 ↔ 조용하다	우리 형은 성격이 활발하기 때문에 바깥 활동을 좋아해요. 우리 언니는 성격이 조용하기 때문에 말을 많이 안 해요.
급하다 ↔ 느긋하다	제임스 씨는 성격이 급하기 때문에 밥을 빨리 먹어요. 안나 씨는 성격이 느긋하기 때문에 일을 천천히 해요.
성실하다	송영 씨는 성실하기 때문에 지각과 결석을 하지 않아요.
적극적이다	소피아 씨는 적극적이기 때문에 뭐든지 열심히 해요.
마음이 넓다	우리 어머니는 마음이 넓은 분이에요.
욕심이 많다	우리 동생은 욕심이 많기 때문에 과자를 친구와 같이 먹지 않아요. 혼자 다 먹어요.

단원	제목	대화	문법과 표현	듣고 말하기
1	왜 늦었어요?	이유 말하기	-기 때문에 -지 않다 -지 못하다	늦은 이유
2	오후에 눈이 올 것 같아요.	날씨 추측하기	-는 것 같다 -아/어지다 -게 되다	좋아하는 계절
3	늦게 일어나서 아침을 못 먹었어요.	아침에 먹는 음식	-아/어서 (1) -(이)나 -게	회사 일
4	새 옷을 입어서 예뻐 보여요.	옷차림 표현하기	-아/어 보이다 -는 길에 -(으)려고 하다	계획 말하기
5	똑바로 가다가 오른쪽으로 가세요.	길 묻고 답하기	-아/어야 하다(되다) -(으)려면 -다가	길 다시 묻기
6	병원에 가서 주사를 맞았어요.	병원에서 진료 받기	-아/어서 (2) -는데	배탈 난 경험
7	부산은 관광할 데가 많아요.	관광지 추천하기	-(으)ㄹ 데가 있다 -아/어 두다 -(으)ㄴ 후에	관광 경험 말하기
8	새해 복 많이 받으세요.	설날 풍습 말하기	-(으)면서 (1) -(으)면서 (2) -(으)ㄴ지 -이/가 되다	설날 풍경
9	저는 운동을 자주 하는 편입니다.	운동 추천하기	-기(가) 어렵다 -는 편이다 -겠-	수영 프로그램 등록하기
10	거기 언어교육원이죠?	전화로 문의하기	-아/어 주다 -지요? -(으)ㄹ 테니까	전화로 예약 변경하기
11	시간 날 때 뭐 하세요?	여가 시간에 하는 일	-(으)ㄹ 때 -거나 -기 위해서	한국에 온 목적
12	어디 가니?	반말로 약속하기	-반말 (1) -반말 (2) -반말 (3)	일기
13	눈 축제에 가기로 했어.	축제 참가 계획	-기로 하다 -잖아요 -았/었으면 좋겠다	한국의 축제
14	밀면을 먹을까 해요.	음식 주문하기	-(으)ㄹ까 하다 -(이)라도 만에	배달문화
15	아이스크림을 먹고 모르는 척해요.	모르는 척하기	-는 척하다 -자마자 -아/어 버리다	생일 축하
16	저하고 집 보러 갈래요?	이사 계획 말하기	-(으)니까 (2) -밖에 -(으)ㄹ래요	집의 장점과 단점
17	기무라 씨가 병원에 입원했다고 해요.	소식 전하기	간접인용 – 평서문 / 의문문 간접인용 – 청유문 / 명령문	병문안
18	파마를 하려고 미용실에 갔어요.	미용실 이용 경험	-는 동안에 -(으)ㄹ 뻔하다 -(으)려고	미용실에서 머리하기

듣기	읽기	쓰기	어휘+
녹차	생활 습관	자신의 생활 습관	성격
비 오는 날	한국의 사계절	내가 좋아하는 계절	계절의 날씨 및 특징
퇴근 후 하는 일	건강 관리	건강 관리 방법	르 불규칙
길에서의 대화	가족 소개	가족 소개	의류 및 색깔
길 찾기	교통 수단	교통 수단	지하철 노선도
발목 치료	감기 치료와 예방	병원 진료 경험	신체 부위 증상 및 치료
남포동 관광	경주 여행	가 보고 싶은 부산의 관광지	부산 관광 지도
추석	윷놀이	한국의 명절	높임말
스트레스 해소법	자주 하는 운동	추천하는 운동	빈도 부사
송별회 준비	전화 예절	편지 쓰기	상황에 따른 전화 통화
찜질방	개미와 베짱이	한국에 온 목적	취미
점심 약속	흥부 놀부	일기 쓰기	ㅅ 불규칙 반말 인사말
강원도 여행	제주 올레길	한국의 축제	한국의 축제
배달 음식 주문	인터넷 서점	인터넷 주문 경험	양념 및 맛
택배 심부름	두 친구	기억에 남는 생일	생일 축하 노래
살고 있는 집의 문제점	집 구할 때 살펴야 할 점	앞으로 살고 싶은 집	집
라디오 방송 사연	집들이 선물	선물의 의미	간접 인용 – 주다
한국 미용실의 특별한 서비스	남성 전문 미용실	나의 미용실 경험	머리 모양 미용실

친절한 한국어 2 주요인물 소개

민 지
한국 / 대학생

동 우
한국 / 대학생

왕 붕
중국 / 대학생

송 영
중국 / 대학생

소피아
가나 / 대학생

꾸 언
베트남 / 대학생

제임스
캐나다 / 회사원

안 나
러시아 / 회사원

기무라
일본 / 대학원생

1과 왜 늦었어요?

학습목표

| **대화** 이유 말하기
| **듣고 말하기** 늦은 이유

| **듣기** 녹차
| **읽기** 생활 습관
| **쓰기** 자신의 생활 습관

| **문법과 표현1** -기 때문에
| **문법과 표현2** -지 않다
| **문법과 표현3** -지 못하다

| **어휘+**
성격

1과 대화 이유 말하기

01

민 지 : 동우 씨, 왜 화가 났어요?

동 우 : 동생 때문에요.

민 지 : 동생이 뭘 잘못했어요?

동 우 : 내 컴퓨터를 또 고장 냈어요. 벌써 세 번째예요.

민 지 : 수리했어요?

동 우 : 아니요. 수리하지 못했어요.

민 지 : 왜요?

동 우 : 오늘은 너무 바쁘기 때문에 내일 수리하러 갈 거예요.

단어장

고장 내다
벌써
수리하다
고치다

이야기해 봅시다

• 다음의 내용으로 위의 **대화**처럼 친구와 대화해 보십시오.

누구	상황	계획
동생	컴퓨터를 고장 내다	오늘은 너무 바쁘다 / 내일 수리하다
친구	휴대폰을 고장 내다	오전에 수업이 있다 / 오후에 고치다
형	카메라를 고장 내다	이번 주에 시험을 치다 / 다음 주에 고치다

문법과 표현 1

–기 때문에

예 문

왕 붕 : 왜 등산을 안 갔어요?
민 지 : 모기 때문에 잠을 못 잤어요. 그래서 등산을 못 갔어요.
왕붕 씨는 왜 등산을 안 갔어요?
왕 붕 : 너무 피곤했기 때문에 집에서 쉬었어요.

※ –기 때문이다

나는 아이이기 때문에 술을 못 마셔요.

나는 아이 때문에 술을 못 마셔요.

연 습

1. 가 : 왜 모임에 함께 못 가요?
   나 : ______________________________

2. 가 : 왜 힙합 동아리에 가입했어요?
   나 : ______________________________

3. 가 : 창문을 왜 열어요?
   나 : ______________________________

4. 가 : 요즘 비가 자주 와요.
   나 : ______________________________

말해 봅시다

• 〈보기〉와 같이 친구들과 대화해 보십시오.

보 기

가 : 안나 씨, 커피를 자주 마셔요?
나 : 아니요. 저는 커피를 안 마셔요.
가 : 왜 커피를 안 마셔요?
나 : 커피를 마시면 잠이 안 오기 때문이에요.

상황	이유
커피를 마시다	잠이 안 오다
화장을 하다	시간이 없다
회사에 가다	오늘부터 휴가이다

단어장
모기
모임
힙합
동아리
가입하다
화장(을) 하다

-지 않다

예문

동 우 : 송영 씨, 고기 먹으러 갈까요?
송 영 : 미안해요. 저는 고기를 먹지 않아요.
채식주의자예요.
동 우 : 그럼 비빔밥은 괜찮아요?
송 영 : 고기만 없으면 다 괜찮아요.

연습

1. 가 : 액션 영화를 좋아해요?
   나 : 아니요. ____________________

2. 가 : 오늘 날씨가 좋아요?
   나 : 아니요. ____________________

3. 가 : 술을 자주 마셔요?
   나 : 아니요. ____________________

4. 가 : 어제 백화점에 갔어요?
   나 : 아니요. ____________________

말해 봅시다

● 〈보기〉와 같이 친구들과 대화해 보십시오.

보기

가 : 제임스 씨는 담배를 피워요?
나 : 아니요. 피우지 않아요.
가 : 왜 담배를 피우지 않아요?
나 : 담배 냄새를 싫어하기 때문이에요.

상황	이유
담배를 피우다	담배 냄새를 싫어하다
요리를 하다	내가 만든 음식이 맛이 없다
엘리베이터를 타다	운동을 하고 싶다

단어장
채식주의자
냄새

-지 못하다

예 문

민　지 : 어제 친구와 영화 봤어요?
제임스 : 아니요. 못 봤어요.
급한 일 때문에 약속을 지키지 못했어요.
민　지 : 그랬군요. 하지만 약속은 꼭 지키세요.
제임스 : 네. 알겠어요.

연 습

1. 가 : 수미 씨가 오늘 출발했어요?
   나 : 아니요. 날씨가 나쁘기 때문에 ____________________
2. 가 : 박 선생님을 만났어요?
   나 : 아직 학교에 안 오셨기 때문에 ____________________
3. 가 : 오늘도 동우 씨와 운동해요?
   나 : 아니요. ____________________
4. 가 : 어제 부모님께 전화했어요?
   나 : 아니요. ____________________

말해 봅시다

- 〈보기〉와 같이 친구들과 대화해 보십시오.

보 기

가 : 도서관에서 공부했어요?
나 : 아니요. 도서관에서 공부하지 못했어요.
가 : 왜요?
나 : 오늘 도서관이 문을 닫았기 때문에 공부하지 못했어요.

상황	이유
도서관에서 공부하다	도서관 문을 닫다
점심을 먹다	배탈이 나다
비행기를 타다	태풍이 오다

단어장
약속(을) 지키다
배탈이 나다
태풍

02

기무라 : 늦었어요. 미안해요.

소피아 : 괜찮아요. 그런데 왜 늦었어요?

기무라 : 사고 때문에 도로가 막혔어요.

소피아 : 큰 사고였어요?

기무라 : 아니요. 큰 사고는 아니었어요. 그런데 운전자들이 길을 막고 말다툼을 했어요.

소피아 : 아, 그래서 늦었군요.

기무라 : 다음부터는 지하철을 탈게요.

소피아 : 그래요. 영화가 곧 시작될 거예요. 빨리 들어가요.

단어장
도로가 막히다
길을 막다
말다툼(을) 하다
곧
알람(이) 울리다
예약(을) 하다

이야기해 봅시다

• 다음을 보고 친구와 늦은 이유를 말해 보십시오. 그리고 앞으로의 약속을 해 보십시오.

상황	늦은 이유	약속
늦게 자다 / 늦게 일어나다	알람이 울리지 않다	일찍 자다
감기에 걸리다 / 병원에 가다	병원에서 많이 기다리다	예약을 하다

1과 듣기

• 녹차로 만든 상품입니다. 다음을 보고 이야기해 보십시오.

◉ 다음을 듣고 물음에 답하십시오. 🎧 03

1. 녹차가 들어간 상품을 모두 고르십시오.

녹차 빵	☐	녹차 종이	☐
녹차 라면	☐	녹차 비누	☐
녹차 김치	☐	녹차 화장품	☐
녹차 초콜릿	☐	녹차 아이스크림	☐

2. 들은 내용과 다른 것을 고르십시오. (   )

① 마트에서 녹차를 쉽게 살 수 있습니다.
② 녹차가 들어간 비누가 내년에 나옵니다.
③ 사람들은 건강 때문에 녹차를 많이 마십니다.
④ 다이어트를 하는 사람들은 녹차를 좋아합니다.

단어장

상품
넣다
가루
관심을 가지다

이야기해 봅시다

• 자신이 좋아하는 차와 그 이유에 대해 친구와 대화해 보십시오.

말하기 Tip

민지 씨는 무슨 차를 좋아해요?
왜 그 차를 마셔요?

1과 읽기

• 다음을 보고 이야기해 보십시오.

◉ 다음 글을 읽고 물음에 답하십시오.

송영 씨와 민지 씨는 같은 반 친구입니다. 송영 씨와 민지 씨는 생활 습관이 서로 다릅니다.

송영 씨는 밤늦게까지 공부하는 습관이 있습니다. 송영 씨는 보통 새벽 2시까지 공부하기 때문에 아침에 일찍 일어나지 못합니다. 그래서 자주 지각을 합니다. 그런데 민지 씨는 늦게 자지 않습니다. 보통 밤 10시쯤 잠을 자고 아침에는 일찍 일어납니다. 그리고 운동도 합니다. 매일 학교에 일찍 옵니다.

1. 송영 씨는 왜 자주 지각을 합니까?

____

2. 이 글의 내용과 다른 것을 고르십시오. (　　)

① 민지 씨는 아침에 운동을 합니다.
② 송영 씨는 밤보다 아침에 공부를 많이 합니다.
③ 민지 씨는 일찍 일어나고 학교에도 일찍 옵니다.
④ 송영 씨와 민지 씨는 생활 습관에 차이가 있습니다.

단어장
생활 습관
일찍
지각하다
새벽
차이가 있다
생기다

이야기해 봅시다

• 자신의 습관에 대해 친구와 대화해 보십시오.

말하기 Tip

동우 씨는 어떤 습관을 가지고 있어요?
왜 그 습관이 생겼어요?

1과 쓰기

◉ 여러분은 어떤 생활 습관이 있습니까? 다음의 내용을 모두 써 보십시오.

① 어떤 생활 습관이 있습니까?

② 그 습관이 생긴 이유는 무엇입니까?

③ 앞으로 (그 습관을) 어떻게 하겠습니까?

1과 어휘+

성격

어휘	예문
부지런하다 ↔ 게으르다	기무라 씨는 부지런하기 때문에 일을 미루지 않아요. 왕붕 씨는 게으르기 때문에 일을 자주 미뤄요.
활발하다 ↔ 조용하다	우리 형은 성격이 활발하기 때문에 바깥 활동을 좋아해요. 우리 언니는 성격이 조용하기 때문에 말을 많이 안 해요.
급하다 ↔ 느긋하다	제임스 씨는 성격이 급하기 때문에 밥을 빨리 먹어요. 안나 씨는 성격이 느긋하기 때문에 일을 천천히 해요.
착하다	민지 씨는 착하기 때문에 친구를 잘 도와요.
성실하다	송영 씨는 성실하기 때문에 지각과 결석을 하지 않아요.
적극적이다	소피아 씨는 적극적이기 때문에 뭐든지 열심히 해요.

2과 오후에 눈이 올 것 같아요.

학습목표

| 대화 날씨 추측하기
| 듣고 말하기 좋아하는 계절

| 듣기 비 오는 날
| 읽기 한국의 사계절
| 쓰기 내가 좋아하는 계절

| 문법과 표현1 -는 것 같다
| 문법과 표현2 -아/어지다
| 문법과 표현3 -게 되다

| 어휘+
계절의 날씨 및 특징

대화 날씨 추측하기

04

꾸 언 : 날씨가 어제보다 추워졌어요.

송 영 : 맞아요. 이제 겨울이 온 것 같아요. 기온이 많이 떨어졌어요.

꾸 언 : 오늘 아침에 일기 예보를 봤어요?

송 영 : 네. 오전에는 흐리고 오후에는 눈이 올 거예요.

꾸 언 : 눈이요? 눈이 오면 더 추울 것 같아요.

송 영 : 하지만 눈이 오면 눈싸움도 할 수 있고 눈사람도 만들 수 있어요. 꾸언 씨도 눈을 좋아하게 될 거예요.

꾸 언 : 그래요? 그럼 눈이 오면 우리 같이 눈싸움을 해요.

단어장

기온
떨어지다
일기 예보
눈사람
올라가다
햇볕
내려가다
연날리기를 하다

이야기해 봅시다

- 다음의 내용으로 위의 **대화**처럼 친구와 대화해 보십시오.

날씨	계절 / 기온	할 수 있는 일
추워지다	겨울 / 기온이 떨어지다	눈이 오다 / 눈싸움을 하다, 눈사람을 만들다
더워지다	여름 / 기온이 올라가다	햇볕이 뜨겁다 / 바다에서 수영을 하다
시원해지다	가을 / 기온이 내려가다	바람이 많이 불다 / 연날리기를 하다

–는 것 같다

예문

어제 밤에 비가 온 것 같아요.
지금 비가 오는 것 같아요.
내일 비가 올 것 같아요.

이 치마가 나한테 조금 작은 것 같아요.
이 치마를 동생이 입으면 조금 작을 것 같아요.

연습

1. 가 : ________________________________
   나 : 그럼 우산을 준비합시다.

2. 가 : 이 영화가 어때요?
   나 : ________________________. 평일에도 표가 없어요.

3. 가 : 아이가 세 살 때 책을 읽었어요.
   나 : 와! 정말 ________________________

4. 가 : 지금 밖에서 ________________________
   나 : 아, 그래서 시끄럽군요.

말해 봅시다

- 다음 그림을 보고 이 집에 살고 있는 사람을 추측해서 이야기해 보십시오.

단어장

평일
시끄럽다

-아/어지다

※ 있다 → 생기다

예문

기무라 : 민지 씨, 저 식당에 갈까요?
민　지 : 아니요. 저 식당 음식이 맛이 없어졌어요.
요리사가 바뀐 것 같아요.
기무라 : 그래요? 그럼, 오늘은 학생 식당에 가요.
민　지 : 네. 그래요.

연습

1.

→ ______________________

2.

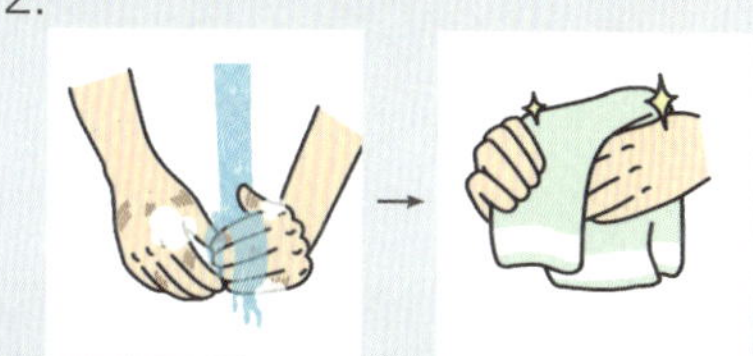

→ ______________________

3.

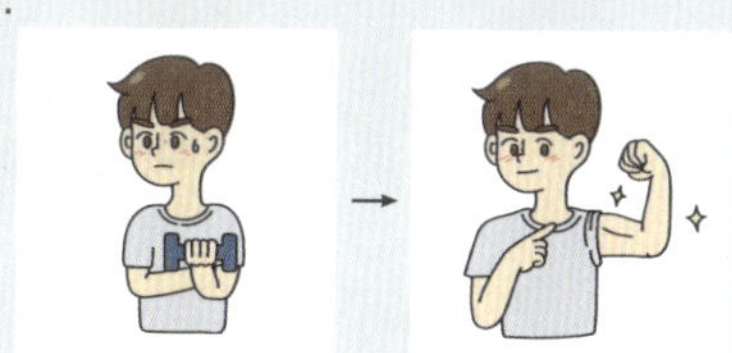

→ ______________________

4.

→ ______________________

단어장

말해 봅시다

• 과거와 현재의 모습입니다. 무엇이 달라졌습니까?

-게 되다

예 문

소피아 : 꾸언 씨, 이제 자전거를 잘 타네요!
꾸 언 : 네. 매일 연습을 했기 때문에 잘 타게 되었어요.
소피아 : 그럼, 내일 공원에 자전거 타러 갈까요?
꾸 언 : 미안해요. 내일은 바빠요. 주말에 같이 가요.

연 습

[보기]

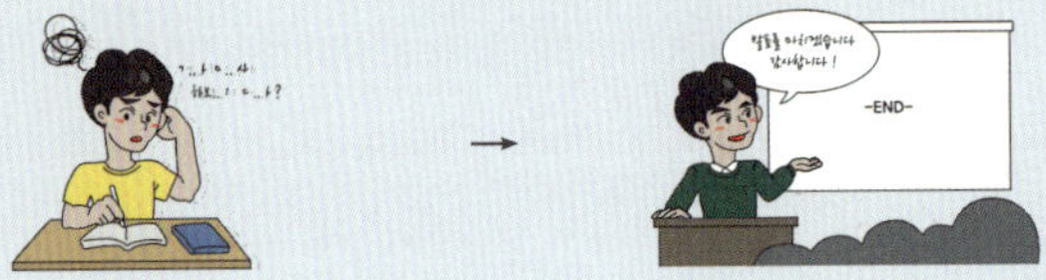

→ 한국어를 잘 못했지만 한국 친구와 자주 연습했기 때문에 잘하게 되었어요.

1.

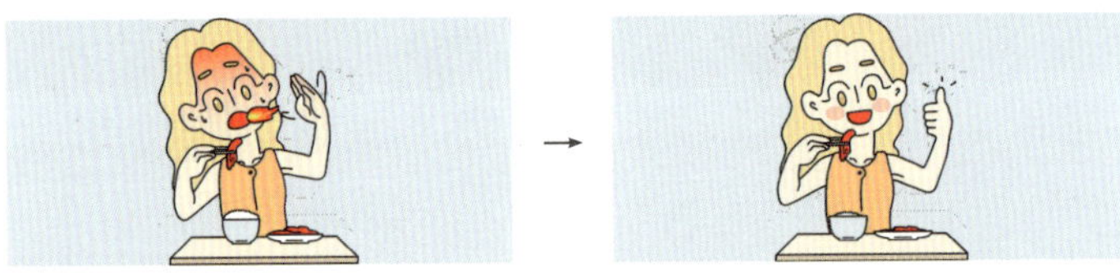

→ ______________________________

2.

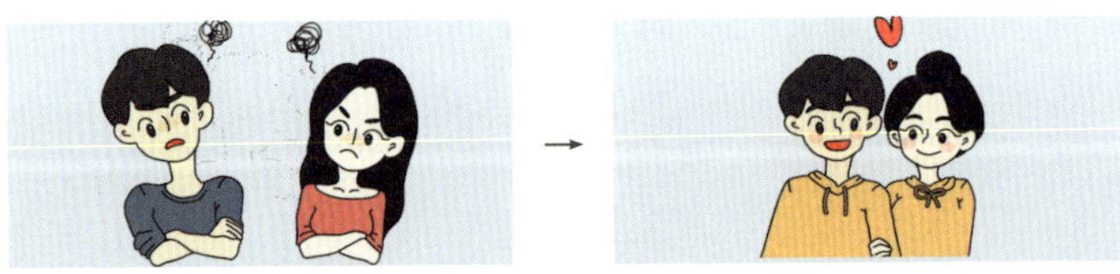

→ ______________________________

3.

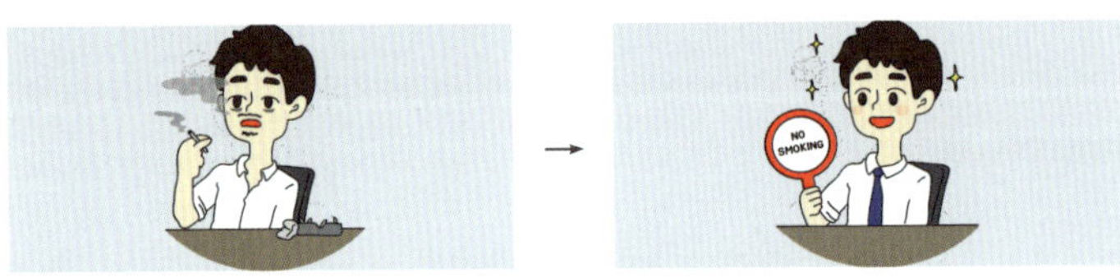

→ ______________________________

단어장

말해 봅시다

- 〈보기〉와 같이 친구들과 대화해 보십시오.

보 기

가 : 과거와 무엇이 달라졌어요?
나 : 키가 커졌어요. / 농구를 잘하게 되었어요.

2과 듣고 말하기 좋아하는 계절

05

꾸 언 : 민지 씨, 한국은 사계절이 모두 있어요. 그래서 참 좋아요.

민 지 : 꾸언 씨는 무슨 계절을 가장 좋아해요?

꾸 언 : 저는 여름을 제일 좋아해요.

민 지 : 왜 여름이 좋아요?

꾸 언 : 여름에는 바다에서 수영을 할 수 있고 바다축제도 즐길 수 있어요. 민지 씨도 여름을 좋아해요?

민 지 : 아니요. 저는 여름을 좋아하지 않아요.

꾸 언 : 왜요?

민 지 : 여름에는 땀이 많이 나요. 그리고 모기도 많아요.
그래서 여름이 싫어요.

단어장

축제
땀(이) 나다
황사
심하다

이야기해 봅시다

- 여러분이 좋아하는 계절과 좋아하는 이유를 말해 보십시오. 싫어하는 계절이 있으면 그 이유도 말해 보십시오.

계절	좋아하는 이유	싫어하는 이유
봄	날이 따뜻해지다 / 예쁜 꽃이 피다	황사가 심하다 / 봄비가 자주 오다
가을	날이 시원해지다 / 단풍 구경을 하다	감기에 잘 걸리다 / 건조하다
겨울	스키를 타다 / 설날이 있다	옷이 무겁다 / 빨리 어두워지다

2과 듣기

● 비가 오는 날입니다. 다음을 보고 이야기해 보십시오.

◉ 다음을 듣고 물음에 답하십시오. 🎧 06

1. 두 사람은 누구입니까?

____

2. 들은 내용과 같은 것을 고르십시오. (　　)
   ① 남자는 오늘 버스로 출근을 할 겁니다.
   ② 여자는 남자의 우산을 잃어버렸습니다.
   ③ 남자는 집에 있는 우산을 가져갈 겁니다.
   ④ 여자는 지난번에 집에서 동창회를 했습니다.

단어장

가져가다
신발장
동창회
두고 오다
출근하다

이야기해 봅시다

● 물건을 잃어버린 경험을 친구와 대화해 보십시오.

말하기 Tip

꾸언 씨는 물건을 잃어버린 적이 있어요?
언제, 어디에서, 무엇을 잃어버렸어요?
그래서 어떻게 했어요?

• 한국의 사계절입니다. 다음을 보고 이야기해 보십시오.

◉ 다음 글을 읽고 물음에 답하십시오.

한국은 사계절이 있습니다.

봄이 오면 날씨가 따뜻해지고 아름다운 꽃이 많이 핍니다. 하지만 꽃가루 때문에 병이 생길 수 있습니다. 한국의 여름은 덥고 습기가 많아집니다. 학생들도 방학을 하고 많은 사람들이 시원한 바다로 갑니다. 가을이 되면 바람이 시원해집니다. 그리고 나뭇잎의 색깔이 노란색, 빨간색으로 변하는 단풍이 들기 때문에 사람들이 단풍 구경을 하러 산으로 많이 갑니다. 겨울에는 날씨가 추워집니다. 아주 추운 곳은 영하 15도까지 기온이 떨어집니다. 하지만 집에 있지 않고 스케이트와 스키 같은 겨울 스포츠를 즐기는 사람들이 많습니다.

1. 봄에 병이 생기는 이유는 무엇 때문입니까?

____

2. 이 글의 내용과 같은 것을 고르십시오. (　　)

① 한국 사람들은 봄에 꽃가루가 없는 바다에 갑니다.
② 한국은 여름에 날씨가 아주 덥지만 습기는 없습니다.
③ 한국에서 단풍을 구경할 수 있는 계절은 가을입니다.
④ 한국의 겨울은 춥기 때문에 사람들은 집에서 생활합니다.

단어장
- 꽃가루
- 습기
- 나뭇잎
- 변하다
- 단풍(이) 들다
- 영하
- 스포츠

이야기해 봅시다

• 여러분 나라의 계절에 대해서 친구와 대화해 보십시오.

말하기 Tip

소피아 씨 나라에는 무슨 계절이 있어요?
그 계절은 어때요?
좋아하는 계절이 있어요?
왜 좋아해요?

2과 쓰기

◉ 여러분은 무슨 계절을 좋아합니까? 다음의 내용을 모두 써 보십시오.

① 무슨 계절을 좋아합니까?

② 좋아하는 이유는 무엇입니까?

③ 그 계절에 무엇을 할 수 있습니까?

2과 어휘+

계절

계절	날씨 및 특징
봄	봄비가 내리다, 꽃구경을 가다
여름	태풍이 오다, 장마가 시작되다, 물놀이를 하다
가을	단풍이 들다, 단풍 구경을 가다
겨울	건조하다, 얼음이 얼다, 눈이 쌓이다

3과 늦게 일어나서 아침을 못 먹었어요.

학습목표

| **대화** 아침에 먹는 음식
| **듣고 말하기** 회사 일

| **듣기** 퇴근 후 하는 일
| **읽기** 건강 관리
| **쓰기** 건강 관리 방법

| **문법과 표현1** –아/어서 (1)
| **문법과 표현2** –(이)나
| **문법과 표현3** –게

| **어휘+**
르 불규칙

3과 대화 아침에 먹는 음식

07

안 나 : 제임스 씨는 아침에 일어나면 제일 먼저 뭘 해요?

제임스 : 저는 샤워를 해요.

안 나 : 아침에는 뭘 먹어요?

제임스 : 시간이 없어서 우유나 주스를 마셔요.

안 나 : 왜 시간이 없어요?

제임스 : 아침마다 늦게 일어나서 밥 먹을 시간이 없어요.
안나 씨는 아침에 뭘 먹어요?

안 나 : 저는 꼭 밥을 먹어요.

제임스 : 아, 그래서 안나 씨가 건강하군요.

단어장
부족하다
조깅(을) 하다
토스트
시리얼

이야기해 봅시다

● 다음의 내용으로 위의 **대화**처럼 친구와 대화해 보십시오.

일어나서 하는 일	아침 식사	이유
샤워를 하다	우유 / 주스	늦게 일어나다 / 밥 먹을 시간이 없다
물 한 잔 마시다	빵 / 과일	화장을 하다 / 시간이 부족하다
조깅을 하다	토스트 / 시리얼	운동을 하다 / 요리할 시간이 없다

3과 문법과 표현 1

-아/어서 (1)

※ -아/어 가지고

예 문

송 영 : 왕붕 씨, 뭘 먹어요?
왕 붕 : 감기에 걸려서 약을 먹고 있어요.
송 영 : 왜 감기에 걸렸어요?
왕 붕 : 찬물로 샤워를 해서 감기에 걸렸어요.

연 습

1. 가 : 어제 왜 울었어요?
   나 : ______________________________
2. 가 : 오늘 왜 결석했어요?
   나 : ______________________________
3. 가 : 이 영화를 또 봐요?
   나 : ______________________________
4. 가 : 친구와 왜 싸웠어요?
   나 : ______________________________

말해 봅시다

- 〈보기〉와 같이 친구들과 대화해 보십시오.

보 기

시험 점수가 나빠서 기분이 안 좋아요.

단어장
울다
결석하다
싸우다
시험 점수

-(이)나

예 문

기무라 : 생일에 무슨 선물을 받고 싶어요?
소피아 : 가방이나 화장품을 받고 싶어요.
기무라 씨는 뭐 받고 싶어요?
기무라 : 저는 컴퓨터나 휴대폰을 받고 싶어요.

연 습

1. 가 : 서점에서 무슨 책을 살 거예요?
   나 : ______________________________

2. 가 : 무슨 영화를 자주 봐요?
   나 : ______________________________

3. 가 : 보통 어디에서 친구를 만나요?
   나 : ______________________________

4. 가 : 무슨 음료수를 마실 거예요?
   나 : ______________________________

말해 봅시다

• 〈보기〉와 같이 친구들과 대화해 보십시오.

보 기

가 : 주말에 어디에 자주 가요?
나 : 서면이나 남포동에 자주 가요.

1.

2.

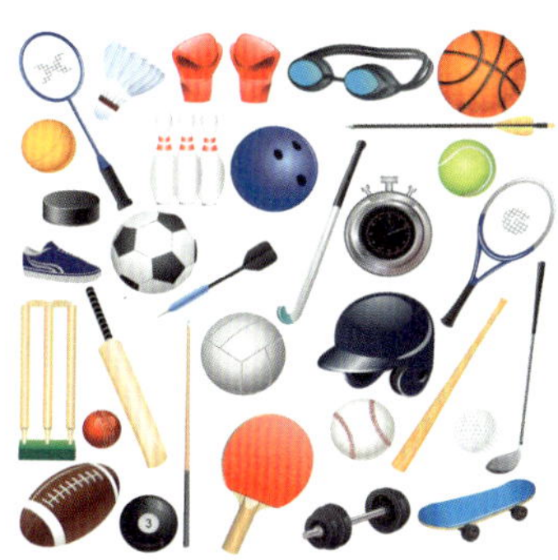

단어장
음료수

-게

예문

송 영 : 어제 미용실에서 머리를 잘랐어요. 어때요?
소피아 : 정말 예쁘게 잘랐네요. 비싸지 않아요?
송 영 : 학생이라서 가격이 쌌어요.
소피아 : 그래요? 저도 송영 씨처럼 짧게 자르고 싶네요.

연습

1. 가 : 시험 문제가 많이 어려웠어요?

   나 : 아니요. 열심히 공부해서 ______________________ 풀었어요.

2. 가 : 아기가 정말 귀엽네요.

   나 : 그러네요. 정말 ______________________ 웃네요.

3. 가 : 어젯밤에 왜 잠을 못 잤어요?

   나 : 밖에서 사람들이 ______________________ 떠들어서 못 잤어요.

4. 가 : 감기에 걸린 것 같아요.

   나 : 날씨가 많이 추워졌어요. 옷을 ______________________

말해 봅시다

● 〈보기〉와 같이 친구들과 대화해 보십시오.

보기

가 : 민지 씨는 해운대에 놀러 가요?
나 : 아니요. 해운대는 재미없어서 안 가요.
가 : 그럼 어디가 좋을까요?
나 : 서면에 한번 가 보세요. 재미있게 놀 수 있는 곳이 많아요.

상황	이유	장소 추천	추천 이유
해운대에서 놀다	재미없다	서면	재미있다
커피숍에서 공부하다	시끄럽다	학교	조용하다
백화점에서 쇼핑하다	비싸다	시장	싸다

단어장
자르다
짧다
(문제를) 풀다
떠들다

듣고 말하기 회사 일

08

김과장 : 제임스 씨, 회의 준비 다 했습니까?

제임스 : 죄송합니다. 과장님. 아직 다 못 했습니다.

김과장 : 네? 아직도 못 했습니까?

제임스 : 오전에 급한 일이 생겨서 잠깐 외출했습니다.
그래서 아직 못 했습니다.

김과장 : 그럼, 언제까지 할 수 있습니까?

제임스 : 내일 오전까지 해도 될까요?

김과장 : 내일은 제가 출장이라서 회사에 없습니다.
오늘 오후까지 하세요.

제임스 : 네. 알겠습니다.

단어장
회의
출장
휴일
발표

이야기해 봅시다

- 할 일을 못 했어요. 그 이유를 어떻게 설명하면 될까요?
다음의 내용으로 위의 대화처럼 친구와 대화해 보십시오.

대상	할 일	이유1	이유2
선생님	숙제	친구가 오다 / 공항에 가다	휴일 / 학교에 없다
사장님	발표 준비	아이가 아프다 / 병원에 가다	딸 졸업식 / 사무실에 없다

듣기

- 퇴근 후에 하는 일입니다. 다음을 보고 이야기해 보십시오.

◉ 다음을 듣고 물음에 답하십시오. 🎧 09

1. 은주 씨는 오늘 몇 시에 퇴근합니까?

____

2. 들은 내용과 같은 것을 고르십시오. (　　)
   ① 남자와 여자는 오늘 같이 퇴근할 겁니다.
   ② 여자는 퇴근 후에 밥을 먹으러 갈 겁니다.
   ③ 여자는 오늘 일이 많아서 늦게 퇴근합니다.
   ④ 남자는 춤을 배우는 것을 좋아하지 않습니다.

단어장
댄스학원
지루하다

이야기해 봅시다

- 수업이 끝나고 하는 일에 대해 친구와 대화해 보십시오.

말하기 Tip

> 왕붕 씨는 몇 시에 수업이 끝나요?
> 수업이 끝나면 보통 무엇을 해요?

• 다음을 보고 이야기해 보십시오.

◉ 다음 글을 읽고 물음에 답하십시오.

안나 씨는 건강을 중요하게 생각해서 운동을 많이 합니다. 아침에 일어나면 보통 1시간 정도 운동을 합니다. 비가 오는 날이나 추운 날에는 방에서 간단하게 체조를 합니다. 그리고 안나 씨는 집에서 회사까지 자전거를 타고 갑니다. 사무실이 5층에 있지만 엘리베이터를 타지 않고 계단으로 올라갑니다. 계단을 이용하면 조금 힘들지만 운동을 할 수 있어서 좋습니다. 또 저녁에는 밥을 먹고 집 근처 공원에서 산책을 합니다.

1. 안나 씨는 왜 엘리베이터를 타지 않습니까?

____

2. 이 글의 내용과 같은 것을 고르십시오. (　　)
① 안나 씨는 가끔 운동을 합니다.
② 안나 씨는 학교까지 차로 갑니다.
③ 안나 씨는 추우면 운동을 하지 않습니다.
④ 안나 씨는 저녁 식사를 하고 공원에 갑니다.

단어장
간단하다
사무실
체조(를) 하다
계단
이용하다
가끔

이야기해 봅시다

• 자신이 알고 있는 건강 관리 방법에 대해 친구와 대화해 보십시오.

말하기 Tip

무슨 음식을 먹으면 건강에 좋아요?
무슨 운동을 하면 건강해져요?
어떤 생활 습관이 필요해요?

3과 쓰기

◉ 어떻게 하면 건강해집니까? 다음의 내용을 모두 써 보십시오.

① 무슨 음식을 먹으면 좋습니까?

② 무슨 운동을 하면 좋습니까?

③ 또 어떤 생활 습관이 좋습니까?

르 불규칙

르 동사/형용사 + 모음 ⇒ ㄹ ㄹ 변화

빠르 + 아요 → 빨라요

자르 + 았어요 → 잘랐어요

부르다 + 어서 → 불러서

게으르 + 어지다 → 게을러지다

- 남자하고 여자는 달라요.
- 기차보다 비행기가 더 빨라요.
- 먹고 싶은 과일을 골라 보세요.
- 저는 집에만 있으면 게을러져요.
- 목이 말라서 물을 많이 마셨어요.
- 머리카락이 너무 길어서 잘랐어요.
- 어제 노래를 많이 불러서 목이 아파요.
- 저는 아침마다 선크림을 발랐어요.
- 저도 잘 몰라서 인터넷으로 찾아 봤어요.

4과 새 옷을 입어서 예뻐 보여요.

학습목표

| 대화 옷차림 표현하기
| 듣고 말하기 계획 말하기

| 듣기 길에서의 대화
| 읽기 가족 소개
| 쓰기 가족 소개

| 문법과 표현1 -아/어 보이다
| 문법과 표현2 -는 길에
| 문법과 표현3 -(으)려고 하다

| 어휘+
의류 및 색깔

대화 옷차림 표현하기

10

송 영 : 꾸언 씨, 같이 가요.

꾸 언 : 송영 씨, 안녕하세요? 수업에 늦을 것 같아요. 빨리 가요.

송 영 : 괜찮아요. 아직 시간이 있어요.
그런데 오늘은 날씨가 많이 춥네요.

꾸 언 : 맞아요. 오늘은 어제보다 더 추운 것 같아요.
어! 송영 씨, 분홍색 스웨터가 예쁘네요. 참 따뜻해 보여요.

송 영 : 그래요? 사실은 어제 새로 샀어요.

꾸 언 : 송영 씨에게 잘 어울려요. 그런데 구두도 분홍색이네요.

송 영 : 저는 분홍색을 좋아해서 분홍색 물건이 많아요.

단어장
분홍색
사실
새로
노란색

이야기해 봅시다

• 다음의 내용으로 위의 **대화**처럼 친구와 대화해 보십시오.

날씨	색깔	의류	색깔 느낌
춥다	분홍색	스웨터	따뜻하다
덥다	파란색	치마	시원하다
따뜻하다	노란색	원피스	귀엽다

–아/어 보이다

예 문

소피아 : 이 딸기 어때요?
동 우 : 싱싱해 보여요.
소피아 : 그럼, 살까요? 동우 씨도 딸기 좋아하면 사세요.
동 우 : 그런데 좀 비싼 것 같아요.

말해 봅시다

- 〈보기〉와 같이 친구들과 대화해 보십시오.

보기

가 : 수잔 씨가 어때 보여요?
나 : 피곤해 보여요. 일이 많은 것 같아요.

1. 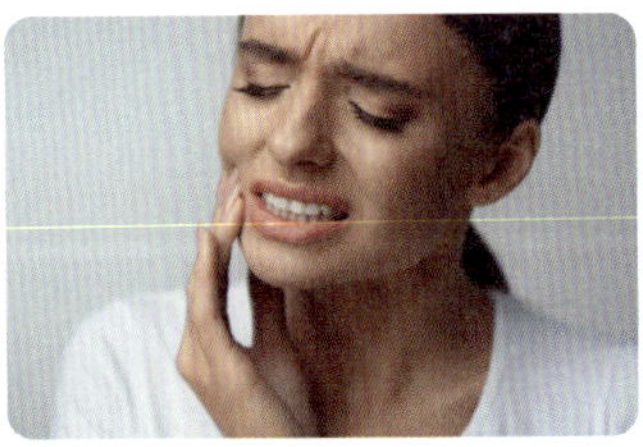

2. 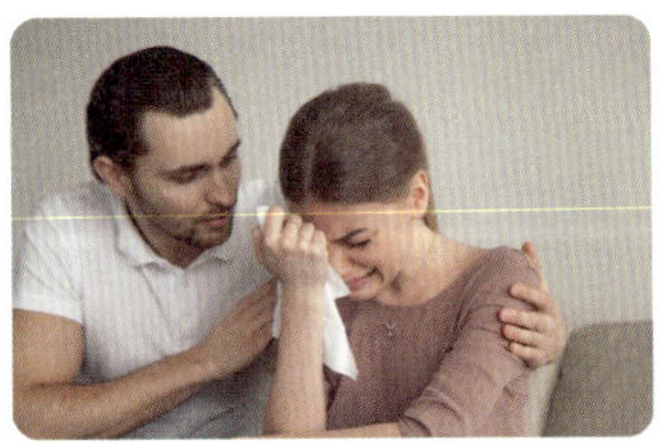

3. 

4. 

5. 

6. 

단어장

-는 길에

집에 가는 길에 편의점에서 우유를 샀어요.

※ 가다, 오다, 출근하다, 퇴근하다, 들어가다, 나오다　　※ -는 길이다

예문

민　지 : 친구를 언제/ 어디에서 만났어요?
꾸　언 : 은행에 가는 길에 만났어요.

연습

1. 가 : 어디서 지갑을 주웠어요?
   나 : 버스 정류장에 ______________________
2. 가 : 선생님을 언제 만났어요?
   나 : ______________________ 만났어요.
3. 가 : 집에 라면이 하나도 없네요.
   나 : 수업 끝나고 ______________________
4. 가 : ______________________ 쓰레기 좀 버리세요.
   나 : 네, 그렇게 할게요.

말해 봅시다

- 〈보기〉와 같이 친구들과 대화해 보십시오.

예문

가 : 머리가 좀 아파요. 집에 두통약 있어요?
나 : 아니요. 없어요.
가 : 그럼 퇴근 하는 길에 약국에서 두통약 좀 사 오세요.
나 : 네. 사 올게요.

상황	필요한 것	부탁
머리가 아프다	두통약	퇴근하다
배가 고프다	빵	운동하고 오다
심심하다	만화책	학교에 갔다 오다

단어장
지나가다
돌아오다
줍다
편의점
두통약

–(으)려고 하다

예 문

기무라 : 주말에 뭐 할 거예요?
민 지 : 벡스코에 모터쇼가 있어요. 모터쇼를 보러 가려고 해요. 기무라 씨는요?
기무라 : 저는 중요한 과제가 있어요. 커피숍에서 과제를 하려고 해요.
민 지 : 과제 끝나면 기무라 씨도 모터쇼에 한번 가 보세요.

연 습

1. 가 : 소피아 씨, 지금 뭐 해요?
   나 : 배가 고파서 간식을 좀 ______________________
2. 가 : 왕붕 씨, 오늘 오후에 뭐 할 거예요?
   나 : 머리가 좀 아파요. 그래서 ______________________
3. 가 : 안나 씨, 어디에 가는 길이에요?
   나 : 친구가 집에 올 거예요. 그래서 ______________________
4. 가 : 유학을 마치고 무슨 계획이 있어요?
   나 : ______________________

말해 봅시다

• 〈보기〉와 같이 친구들과 대화해 보십시오.

보 기

가 : 생일에 뭐 해요?
나 : 백화점에 가려고 해요.
가 : 백화점에서 뭐 할 거예요?
나 : 친구와 밥도 먹고 쇼핑도 하려고 해요.

언제	어디서	할 일
생일	백화점	친구와 밥도 먹고 쇼핑도 하다
내일	우체국	고향에 소포를 부치고 돈도 찾다
토요일	시민공원	친구와 산책하고 공연도 보다

단어장
모터쇼
간식
소포를 부치다
공연

11

며칠 전부터 날씨가 많이 추워졌습니다. 벌써 겨울이 온 것 같습니다. 오늘 강의실에 가는 길에 송영 씨를 만났습니다. 송영 씨는 분홍색 스웨터를 입고 있었습니다. 스웨터가 참 따뜻해 보였습니다. 송영 씨에게 잘 어울렸습니다. 나도 송영 씨처럼 따뜻한 옷을 사고 싶습니다.

그래서 내일 수업이 끝나고 백화점에 가려고 합니다. 백화점에서 따뜻한 점퍼를 사고 싶습니다. 나는 파란색을 좋아해서 파란색 점퍼를 살 겁니다. 점퍼와 어울리는 목도리나 장갑도 사려고 합니다.

단어장

강의실
점퍼

이야기해 봅시다

- 여러분은 어떤 옷을 사고 싶습니까? 왜 그 옷을 사려고 합니까?

4과 듣기

• 두 사람이 길에서 만났습니다. 다음을 보고 이야기해 보십시오.

◉ 다음을 듣고 물음에 답하십시오. 12

1. 두 사람은 오늘 무엇을 했습니까?

안나	
제임스	

2. 들은 내용과 같은 것을 고르십시오. (　　)

① 두 사람은 마트에서 만났습니다.
② 안나의 아이는 내일이 생일입니다.
③ 제임스는 오늘 등산을 다녀왔습니다.
④ 안나는 백화점에서 물건을 많이 샀습니다.

이야기해 봅시다

• 외모에 대해 친구와 대화해 보십시오.

말하기 Tip

가 : 민지 씨, 머리가 예뻐 보여요.
나 : 고마워요. 미용실에서 머리를 자르고 오는 길이에요
가 : 영화배우처럼 보여요.
나 : 정말요? 영화배우 누구요?

상태	한 일	비슷해 보이는 대상
머리가 예쁘다	미용실 - 머리를 자르다	영화배우
피부가 좋다	피부 관리실 - 마사지를 받다	연예인
운동복이 편하다	백화점 - 쇼핑하다	운동선수

단어장
장바구니
등산화
편하다
다녀오다
피부 관리실
마사지(를) 받다
연예인
운동복

• 가족사진입니다. 다음을 보고 이야기해 보십시오.

◉ 다음 글을 읽고 물음에 답하십시오.

우리 가족을 소개하겠습니다. 아버지는 무서워 보이지만 너그러운 분입니다. 항상 일 때문에 바쁘지만 저에게 관심이 많습니다. 제가 실수한 일이나 잘못한 일을 이해하고 용서해 줍니다. 어머니는 성격이 까다롭습니다. 더러운 것을 싫어합니다. 그래서 저와 동생이 방 청소를 하지 않으면 야단을 많이 칩니다. 하지만 힘든 사람을 보면 항상 친절하게 잘 도와줍니다. 동생은 멋있어 보이지만 성격이 급해서 실수를 많이 합니다. 어제는 가방을 가지고 가는 것을 잊고 학교에 갔습니다. 저는 성격이 적극적입니다. 그래서 모든 일을 열심히 하려고 합니다.

1. 이 사람 가족과 성격을 맞게 연결하십시오.

① 아버지 •	• 너그럽다
② 어머니 •	• 적극적이다
③ 동생 •	• 까다롭다
④ 나 •	• 급하다

2. 이 글의 내용과 다른 것을 고르십시오. (　　)

① 어머니는 방이 더러운 것을 싫어합니다.
② 아버지는 바빠서 가족에게 관심이 없습니다.
③ 동생은 물건을 두고 학교에 간 적이 있습니다.
④ 제 성격은 적극적이라서 모든 일을 열심히 합니다.

단어장
소개하다
너그럽다
이해하다
용서하다
까다롭다
야단을 치다
도와주다
성격
급하다
적극적이다

이야기해 봅시다

• 여러분의 가족 중에서 소개하고 싶은 사람에 대해서 친구와 대화해 보십시오.

말하기 Tip

누구를 소개하고 싶어요?
외모와 성격이 어때요?
무슨 일을 해요?
취미가 뭐예요?

쓰기

◉ 여러분의 가족 중에서 소개하고 싶은 사람이 있습니까? 소개하는 글을 써 보십시오.

가족	외모	성격	하는 일	취미

의류 및 색깔

티셔츠

와이셔츠

블라우스

스웨터

원피스

청바지

반바지

치마

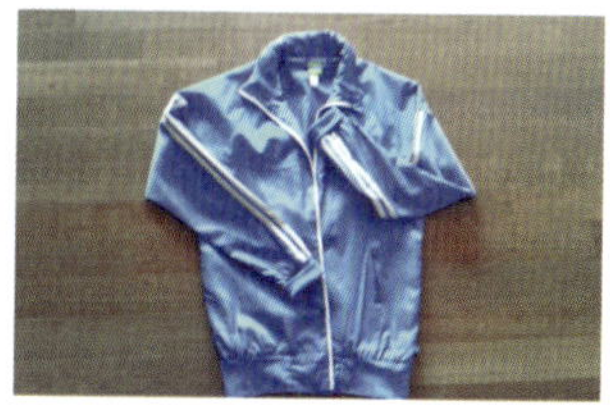
점퍼(잠바)

코트

양복

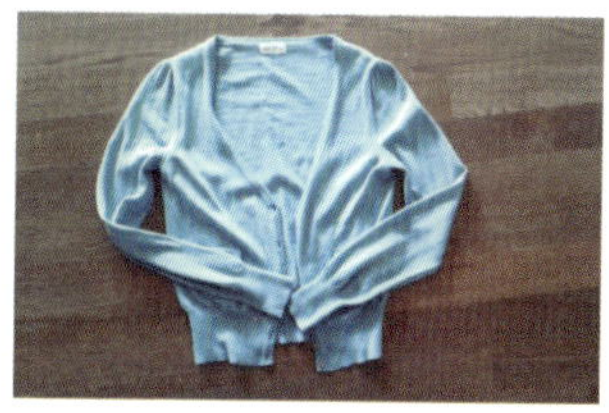
카디건

빨간색

주황색

초록색

노란색

파란색

분홍색

하늘색

갈색

검은색

회색

5과 똑바로 가다가 오른쪽으로 가세요.

학습목표

| 대화 길 묻고 답하기
| 듣고 말하기 길 다시 묻기

| 듣기 길 찾기
| 읽기 교통 수단
| 쓰기 교통 수단

| 문법과 표현1 -아/어야 하다(되다)
| 문법과 표현2 -(으)려면
| 문법과 표현3 -다가

| 어휘+
지하철 노선도

대화 길 묻고 답하기

13

왕 붕 : 실례합니다. 시립미술관에 어떻게 가요?

행 인 : 버스나 지하철을 타야 해요.
지금은 버스를 타면 길이 막히니까 지하철을 타세요.

왕 붕 : 지하철을 타면 어느 역에서 내려야 해요?

행 인 : 지하철 1호선을 타고 가다가 서면역에서 2호선으로 갈아타세요.
그리고 벡스코역에서 내리세요. 5번 출구로 나가면 근처에 시립 미술관이 있을 거예요.

왕붕·송영 : 네. 고맙습니다.

단어장
- 시립미술관
- 호선
- 갈아타다
- 출구
- 경기장

이야기해 봅시다

• 다음의 내용으로 위의 **대화**처럼 친구와 대화해 보십시오.

가고 싶은 곳	지하철	내리는 역
시립미술관	지하철1호선 → 서면 → 2호선	벡스코역 / 5번 출구
야구 경기장	지하철1호선 → 연산 → 3호선	종합운동장역 / 1번 출구
충렬사	지하철1호선 → 동래 → 4호선	충렬사역 / 1번 출구

–아/어야 하다(되다)

예 문

선생님 : 내일은 태권도 체험이 있습니다.
동　우 : 내일은 몇 시까지 와야 해요?
선생님 : 수업이 10시에 시작하니까 9시 30분까지 와야 해요.
동　우 : 네. 알겠습니다.

연 습

1. 가 : 밖에 비가 오네요. 우산 있어요?
   나 : 없어요. ____________________

2. 가 : 식사 전에는 손을 ____________________
   나 : 네. 그럴게요.

3. 가 : 쉿! ____________________
   나 : 아, 아기가 자고 있네요.

4. 가 : 토픽 시험 신청이 언제까지예요?
   나 : ____________________

말해 봅시다

• 〈보기〉와 같이 친구들과 대화해 보십시오.

보 기

가 : 3급에 꼭 가고 싶어요.
나 : 그러면 결석을 안 해야 해요.
　　그리고 예습과 복습도 꼭 해야 해요.
가 : 네. 그럴게요.

희망	해야 할 것 1	해야 할 것 2
3급에 가다	결석을 안 하다	예습과 복습을 하다
감기에 안 걸리다	따뜻한 물을 자주 마시다	자주 손을 씻다
그림을 잘 그리다	미술 학원에 다니다	집에서도 많이 연습하다

단어장
예습(하다)
복습(하다)

-(으)려면

예 문

제임스 : 어디에 가면 멋진 야경을 볼 수 있을까요?
민 지 : 야경을 보려면 광안리에 한번 가 보세요.
광안대교가 아주 멋있어요.
제임스 : 광안리는 여기서 멀어요?
민 지 : 아니요. 지하철을 타면 금방 가요.

연 습

1. 가 : 요즘 며칠 동안 잠을 못 잤어요. 어떻게 하면 좋을까요?
   나 : ______________________________

2. 가 : 저도 도서관에서 책을 빌릴 수 있어요?
   나 : ______________________________

3. 가 : 어떻게 하면 장학금을 받을 수 있을까요?
   나 : ______________________________

4. 가 : 지하철에서 지갑을 잃어버렸어요. 그 지갑을 꼭 찾아야 해요.
   나 : ______________________________

말해 봅시다

- 〈보기〉와 같이 친구들과 대화해 보십시오.

보 기

가 : 점을 빼고 싶어요. 어떻게 해야 해요?
나 : 점을 빼려면 피부과에 가야 해요.

희망	방법
점을 빼다	피부과에 가다
싱싱한 회를 먹다	민락동회센터에 가다
교사가 되다	교사 자격증을 따다

단어장
장학금
점을 빼다
피부과
교사
자격증을 따다

-다가

예문

송 영 : 왜 밥을 다 안 먹었어요?
동 우 : 밥을 먹다가 급한 전화를 받았어요.
송 영 : 무슨 급한 전화였어요?
동 우 : 동생이 학교에 가다가 교통사고가 났어요.

연습

1. 가 : 왜 학교에 늦었어요?
   나 : ______________________. 그래서 늦었어요.

2. 가 : 어제 영화를 재미있게 봤어요?
   나 : 아니요. 너무 지루했어요. 그래서 ______________________

3. 가 : 잃어버린 카드를 어떻게 찾았어요?
   나 : ______________________

4. 가 : 어디에서 민지 씨를 만났어요?
   나 : ______________________

말해 봅시다

● 〈보기〉와 같이 친구들과 대화해 보십시오.

보기

가 : 몸이 안 좋아 보이네요.
나 : 다리를 좀 다쳤어요.
가 : 어쩌다가 다리를 다쳤어요?
나 : 태권도를 하다가 넘어졌어요.

다친 곳	과정
다리	태권도를 하다 / 넘어지다
허리	자다 / 침대에서 떨어지다
팔	자전거를 타고 가다 / 나무에 부딪히다

단어장
넘어지다
체하다
부딪히다
토하다

5과 듣고 말하기 길 다시 묻기

14

〈이번 역은 동백역입니다. 내리실 문은 오른쪽입니다.〉

왕 붕 : 어! 이야기를 하다가 벡스코역을 지나쳤네요.
송 영 : 우리 빨리 내립시다. 다시 길을 물어봐요.

송 영 : 저, 실례합니다.
시립미술관으로 가려면 어떻게 해야 해요?
행 인 : 3번 출구로 나가세요. 나가면 사거리가 보일 거예요.
사거리에서 왼쪽으로 쭉 가면 시립미술관이 있어요.
왕붕·송영 : 네. 고맙습니다.

이야기해 봅시다

가는 방법		
	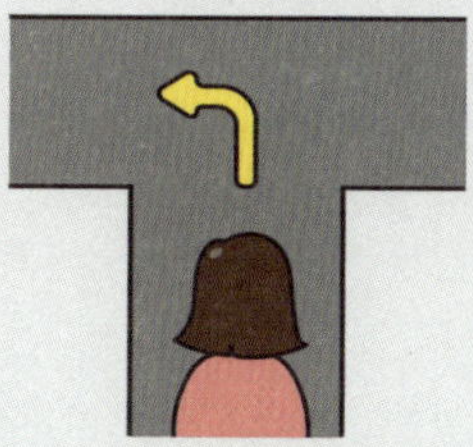	
똑바로 가다 / 쭉 가다	똑바로 가다가 왼쪽으로 가다	똑바로 가다가 오른쪽으로 가다
		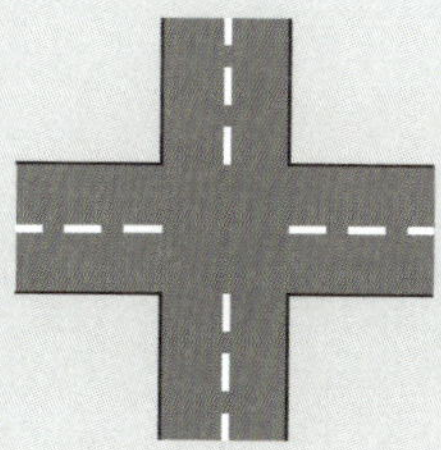
횡단보도를 건너다	삼거리	사거리(네거리)

단어장

지나치다
사거리(네거리)
보이다
쭉
똑바로
횡단보도
건너다
삼거리

• 길을 찾고 있습니다. 다음을 보고 이야기해 보십시오.

◉ 다음을 듣고 물음에 답하십시오. 15

1. 남자는 어디에 가려고 합니까?

2. 들은 내용과 다른 것을 고르십시오. (　　)

① 여기에서 우체국까지 가깝습니다.
② 남자는 여자에게 길을 묻고 있습니다.
③ 여기에서 도서관까지 걸어서 갈 수 있습니다.
④ 우체국에 가려면 사거리에서 왼쪽으로 가야 합니다.

단어장
건너편
설명하다

이야기해 봅시다

• 여러분의 집을 찾아가고 싶습니다. 집으로 가는 길을 친구에게 설명해 주십시오.

말하기 Tip

우리 집은 언어교육원에서 가까워요. 언어교육원에서 오른쪽으로 50m 쯤 가면 편의점이 있어요. 편의점 건너편 2층이 우리 집이에요.

5과 읽기

• 다음을 보고 이야기해 보십시오.

• 다음 글을 읽고 물음에 답하십시오.

저는 4개월 전에 한국에 왔습니다. 집이 학교와 가까운 곳에 있기 때문에 평소에는 걸어서 다닙니다. 하지만 먼 곳으로 가야 하면 지하철을 탑니다. 지하철은 타고 가다가 다음 역을 확인하는 것이 쉽습니다. 그리고 잘못 내리면 다시 타는 것도 쉽습니다. 그런데 버스에서는 안내 방송을 잘 들으려면 계속 긴장하고 있어야 합니다. 잘못 내리면 버스를 다시 타는 것도 쉽지 않습니다. 버스를 타면 밖을 볼 수 있는 것은 좋지만 혼자 버스를 타는 것은 아직 어렵습니다. 버스 타는 것에 빨리 익숙해지면 좋겠습니다.

1. 이 사람은 언제 지하철을 탑니까?

____

2. 이 글의 내용과 다른 것을 고르십시오. (　　)
   ① 우리 집은 학교에서 가깝습니다.
   ② 버스를 타면 밖을 볼 수 있어서 좋습니다.
   ③ 저는 아직 혼자 버스를 타는 것이 쉽지 않습니다.
   ④ 지하철에서 잘못 내리면 다시 타는 것이 어렵습니다.

단어장
- 안내 방송
- 확인하다
- 잘못
- 긴장하다
- 익숙하다

이야기해 봅시다

• 여러분이 자주 이용하는 교통수단에 대해 친구와 대화해 보십시오.

말하기 Tip

안나 씨는 무슨 교통수단을 자주 이용해요?
왜 그것을 이용해요?
불편한 것은 없어요?

쓰기

◉ 여러분은 무슨 교통수단을 자주 이용합니까? 다음의 내용을 모두 써 보십시오.

① 여러분은 어디에 자주 갑니까?

② 그때 무엇을 타고 갑니까?

③ 그 이유는 무엇입니까?

지하철 노선도

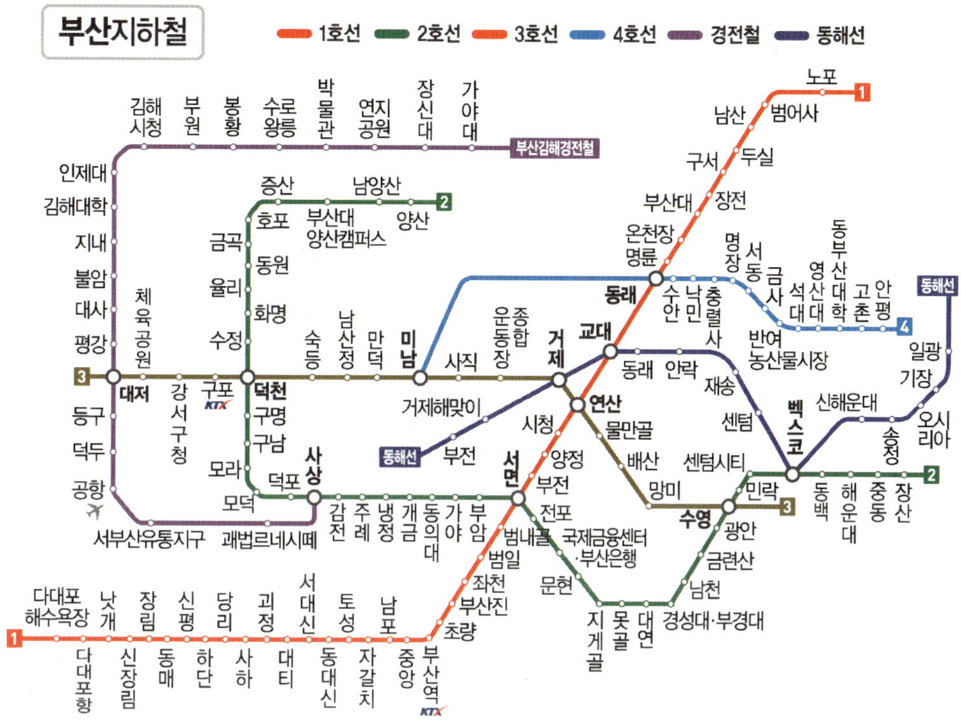
부산지하철
1호선
2호선
3호선
4호선
경전철
동해선
부산김해경전철
김해시청
부원
봉황
수로왕릉
박물관
연지공원
장신대
가야대
인제대
김해대학
지내
불암
대사
평강
체육공원
대저
강서구청
구포
KTX
덕천
등구
덕두
공항
서부산유통지구
괘법르네시떼
증산
남양산
호포
부산대양산캠퍼스
양산
금곡
동원
율리
화명
수정
구명
구남
모라
모덕
덕포
사상
숙등
남산정
만덕
미남
사직
종합운동장
거제
교대
동래
거제해맞이
감전
주례
냉정
개금
동의대
가야
부암
서면
범내골
범일
좌천
부산진
초량
부산역
KTX
중앙
남포
토성
서대신
괴정
당리
신평
장림
낫개
다대포해수욕장
다대포항
신장림
동매
하단
사하
대티
동대신
자갈치
노포
범어사
남산
두실
구서
장전
부산대
온천장
명륜
명장
서동
금사
반여농산물시장
석대
영산대
동부산대학
고촌
안평
수안
낙민
충렬사
동래
안락
재송
센텀
벡스코
신해운대
송정
오시리아
기장
일광
연산
시청
물만골
배산
망미
수영
센텀시티
민락
동백
해운대
중동
장산
양정
부전
전포
국제금융센터·부산은행
문현
지게골
못골
대연
경성대·부경대
남천
금련산
광안

6과 병원에 가서 주사를 맞았어요.

학습목표

| **대화** 병원에서 진료 받기
| **듣고 말하기** 배탈 난 경험

| **듣기** 발목 치료
| **읽기** 감기 치료와 예방
| **쓰기** 병원 진료 경험

| **문법과 표현1** -아/어서 (2)
| **문법과 표현2** -는데

| **어휘+**
신체 부위
증상 및 치료

6과 대화 병원에서 진료 받기

16

기무라 : 안녕하세요?

의　사 : 네. 어디가 아파서 오셨어요?

기무라 : 목과 머리가 아파요.

의　사 : 기침은 안 하세요?

기무라 : 기침도 가끔 해요.

의　사 : 언제부터 그랬습니까?

기무라 : 어제 찬물로 샤워를 하고 잤는데 오늘 아침부터 아팠어요.

〈진료 후〉

의　사 : 목감기입니다. 주사실에 가서 주사를 맞으세요.
이틀 동안 약을 드시고 낫지 않으면 다시 오세요.

기무라 : 제가 알레르기약을 먹고 있는데 그 약과 같이 먹어도 될까요?

의　사 : 네. 괜찮아요. 오늘은 따뜻한 물을 많이 마시고 푹 쉬세요.

기무라 : 네. 감사합니다.

단어장

진료
기침을 하다
(주사를) 맞다
(병이) 낫다
알레르기
증상
푹
상하다
식중독
죽
결막염
안약
만지다

이야기해 봅시다

• 다음의 내용으로 위의 **대화**처럼 친구와 대화해 보십시오.

증상	원인	병명	주의 사항
목과 머리가 아프다	찬물로 샤워를 하다	목감기	따뜻한 물을 많이 마시다 / 푹 쉬다
배가 아프고 토하다	상한 우유를 마시다	식중독	이틀 동안 죽을 먹다 / 물을 많이 마시다
계속 눈물이 나다	수영장에 가다	결막염	안약을 넣다 / 눈을 만지지 말다

–아/어서 (2)

예문

동 우 : 소피아 씨, 이번 방학에는 고향에 가요?
소피아 : 아니요. 이번에도 못 가요.
동 우 : 고향 음식이 많이 그립겠어요.
소피아 : 네. 그래서 고향 친구들과 모여서 가나 요리를 만들어 먹으려고 해요.

연습

1. 가 : 여기 있는 딸기 먹어도 돼요?
   나 : 네. 그런데 안 씻었어요. ______________________ 먹어야 해요.
2. 가 : 해운대 해수욕장에 어떻게 가요?
   나 : 지하철 2호선을 타고 해운대역에서 __________ 5번 출구로 나가세요.
3. 가 : 오늘 과제가 뭐예요?
   나 : 저도 잘 몰라요. 친구에게 ______________________________
4. 가 : 친구가 저녁에 우리 집에 올 거예요.
   나 : 그래요? 그럼 빨리 집에 ______________________________

말해 봅시다

• 〈보기〉와 같이 친구들과 대화해 보십시오.

보기

가 : 주말에 뭐 할 거예요?
나 : 도서관에 가서 시험공부를 하려고 해요.
가 : 혼자 가요?
나 : 아니요. 친구와 갈 거예요.

언제	하는 일
주말	도서관에 가다 / 시험공부를 하다
오후	떡볶이를 만들다 / 맛있게 먹다
어제	김밥을 싸다 / 놀이공원에 가다

단어장
그립다
모이다
(김밥을) 싸다

-는데

① 배경+설명

예 문

꾸 언 : 민지 씨 오빠도 대학생이에요?
민 지 : 네. 대학생인데 지금 군대에 갔어요.

연 습

1. 가 : 어제 백화점에서 뭐 샀어요?
   나 : 원피스를 ____________________ 가격이 싸고 예뻤어요.
2. 가 : 이 사람은 누구예요?
   나 : ____________________ 성격이 좋고 노래도 잘해요.
3. 가 : 제가 지금은 ____________________ 나중에 연락해도 될까요?
   나 : 네, 나중에 연락주세요.
4. 가 : 친구가 부산에 ____________________ 어디가 좋을까요?
   나 : 송도 해수욕장이 좋을 것 같아요.

말해 봅시다

• 〈보기〉와 같이 친구들과 대화해 보십시오.

보 기

가 : 어제 뭐 했어요?
나 : 불고기를 먹었는데 맵지 않고 맛있었어요.

배경	설명
불고기를 먹다	맵지 않다 / 맛있다
태종대에 가 보다	바다가 예쁘다 / 공기가 좋다
서면에서 친구를 만나다	쇼핑을 하다 / 영화를 보다

단어장
군대

② 배경 + 제안

예 문

기무라 : 이제 점심시간인데 식사하러 갑시다.
송 영 : 어머, 벌써 점심시간이네요.

연습 1. 가 : 오늘 광안리에 바다를 보러 갈까요?

나 : ______________________________ 다음에 가요.

2. 가 : 오늘 늦잠을 자서 아침을 못 먹고 왔어요.

나 : 나도 ______________________________

3. 가 : 내일 동우 씨의 ______________________________

나 : 네. 좋아요. 같이 백화점에 가서 선물을 사요.

4. 가 : 영화표가 두 장 ______________________________

나 : 네. 좋아요. 저도 영화가 보고 싶었어요.

말해 봅시다

• 〈보기〉와 같이 친구들과 대화해 보십시오.

보기

가 : 날씨가 더운데 수영을 하러 갈까요?
나 : 미안해요. 나도 가고 싶은데 수영복이 없어요.
가 : 그럼 다음에 같이 가요.

배경	제안	거절 이유
날씨가 덥다	수영을 하다	수영복이 없다
휴일이다	등산을 하다	발목을 다치다
피곤하다	커피를 마시다	조금 전에 마시다

③ 배경 + 반대

예문

제임스 : 안나 씨, 회사 일이 힘들지 않아요?
안 나 : 일은 많은데 동료들이 도와줘서 힘들지 않아요.

연습 1. 가 : 한국 생활이 어때요?

나 : ______________________________

2. 가 : 한국 음식이 많이 매워요?

나 : ______________________________

3. 가 : 우리 교실이 어때요?

나 : ______________________________

4. 가 : 이 휴대폰이 비싸지 않아요?

나 : ______________________________

단어장
발목
동료

6과 듣고 말하기 배탈 난 경험

17

어제 점심도 먹지 못하고 저녁 늦게까지 일을 했습니다. 퇴근을 하고 집에 왔는데 냉장고에 우유만 있었습니다. 저는 배가 너무 고파서 우유를 한번에 다 마셨습니다. 맛이 조금 이상해서 유통기한을 봤는데 오래된 우유였습니다. 조금 후에 갑자기 배가 아프기 시작했습니다. 토하고 설사도 했습니다. 그래서 오늘 아침에 병원에 가서 주사를 맞고 약국에 가서 약을 샀습니다. 집에 돌아와서 죽을 먹었습니다. 그리고 약을 먹고 푹 잤습니다. 배가 아픈 것은 나았지만 죽을 하루 더 먹어야 합니다. 다음부터는 유통기한을 잘 보고 우유를 마실 겁니다.

단어장

- 한번에
- 이상하다
- 유통기한
- 오래되다
- 갑자기
- 설사하다

이야기해 봅시다

- 여러분은 병에 걸린 적이 있습니까? 그날 하루는 어땠습니까?

6과 듣기

• 다음을 보고 이야기해 보십시오.

◉ 다음을 듣고 물음에 답하십시오. 18

1. 남자는 어디를 다쳤습니까?

____

2. 들은 내용과 다른 것을 고르십시오. (　　)
   ① 남자는 뼈는 다치지 않았습니다.
   ② 남자는 운동을 하다가 다쳤습니다.
   ③ 남자는 병원에 다시 오지 않아도 됩니다.
   ④ 남자는 움직이지 않고 잘 쉬어야 합니다.

단어장
(발목을) 삐다
엑스레이를 찍다
뼈
이상(이 없다)
움직이다
처방전

이야기해 봅시다

• 다친 경험을 친구와 대화해 보십시오.

말하기 Tip

기무라 씨는 다친 적이 있어요?
어떻게 하다가 다쳤어요?
어떤 치료를 받았어요?

• 다음의 차는 어디에 좋습니까? 이야기해 보십시오.

◉ 다음 글을 읽고 물음에 답하십시오.

감기는 어린이나 성인 모두 가장 잘 걸리는 병입니다. 감기에 걸리면 열이 많이 나고 두통도 있습니다. 그리고 기침도 하고 콧물도 많이 납니다. 감기에 걸리면 따뜻한 물을 자주 마시고 채소와 과일을 많이 먹어야 합니다. 그리고 잘 자고 푹 쉬는 것이 좋습니다. 감기는 보통 환절기에 잘 걸리는데 평소에 손을 깨끗하게 씻고 규칙적인 식사와 운동을 하면 예방할 수 있습니다.

1. 감기 증상은 어떻습니까?

____

2. 이 글의 내용과 같은 것을 고르십시오. (　　)

① 감기는 보통 겨울에 잘 걸립니다.
② 감기는 성인보다 어린이가 더 많이 걸립니다.
③ 감기에 걸리면 채소나 과일은 피하는 것이 좋습니다.
④ 좋은 생활 습관을 가지면 감기에 잘 걸리지 않습니다.

단어장

어린이
성인
(열이) 나다
두통
환절기
규칙적
예방하다
피하다

이야기해 봅시다

• 감기가 빨리 낫는 방법에 대해서 친구와 대화해 보십시오.

말하기 Tip

안나 씨는 감기에 걸리면 무엇을 먹어요?
어떻게 해요?

6과 쓰기

◉ 여러분은 아파서 병원에 간 적이 있습니까? 다음의 내용을 모두 써 보십시오.

① 언제 병원에 갔습니까?
② 왜 갔습니까?
③ 어떻게 치료했습니까?

신체 부위 명칭

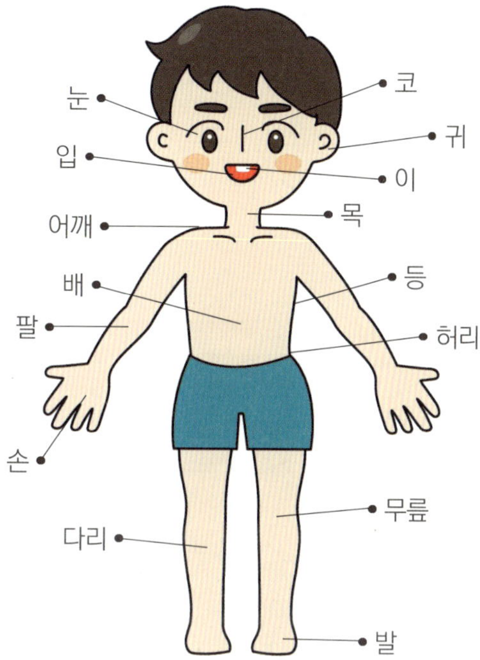

증상 및 치료

감기에 걸리다

기침이 나다 / 기침을 하다

콧물이 나다

배탈이 나다

토하다

설사하다

열이 나다

링거를 맞다

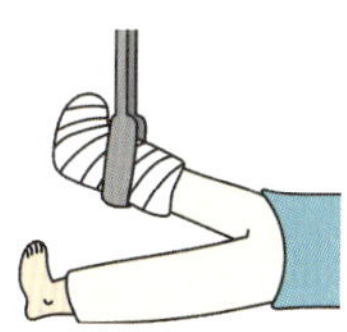
깁스를 하다

7과 부산은 관광할 데가 많아요.

학습목표

| **대화** 관광지 추천하기
| **듣고 말하기** 관광 경험 말하기

| **듣기** 남포동 관광
| **읽기** 경주 여행
| **쓰기** 가 보고 싶은 부산의 관광지

| **문법과 표현1** -(으)ㄹ 데가 있다
| **문법과 표현2** -아/어 두다
| **문법과 표현3** -(으)ㄴ 후에

| **어휘+**
부산 관광 지도

대화 관광지 추천하기

19

소피아 : 동우 씨, 부산에 대해서 잘 알아요?

동 우 : 네. 부산에서 오래 살아서 잘 알아요.

소피아 : 다음 달에 고향에서 친구가 오는데 어디에 가면 좋을까요?
관광할 데를 좀 추천해 주세요.

동 우 : 부산은 관광할 데가 많아요. 혹시 송도해수욕장에 가 봤어요?

소피아 : 송도해수욕장이요?

동 우 : 요즘 부산 사람들이 많이 가는 곳이에요.

소피아 : 그래요? 송도해수욕장에 어떻게 가요?

동 우 : 지하철을 타고 가다가 남포역에서 내리세요.
버스를 타고 15분 정도 더 가면 돼요.

소피아 : 네. 알겠어요. 꼭 가 볼게요.

단어장

-에 대해서
관광하다
추천하다
벽화

이야기해 봅시다

● 다음의 내용으로 위의 **대화**처럼 친구와 대화해 보십시오.

추천 장소	추천 이유	가는 방법
송도해수욕장	요즘 부산 사람들이 많이 가는 곳이다	남포역 / 버스 / 15분
범어사	아주 오래되고 유명한 절이다	범어사역 / 버스 / 10분
감천문화마을	예쁜 벽화가 많다	토성역 / 버스 / 10분

7과 문법과 표현 1

-(으)ㄹ 데가 있다

예 문

꾸 언 : 한국을 관광하고 싶어요. 어디가 좋을까요?
민 지 : 전주에 가 보세요. 볼 데가 많아요.
꾸 언 : 전주의 음식은 어때요?
민 지 : 음식도 맛있어요. 전통 음식을 먹을 데도 많아요.

연 습

1. 가 : 저녁을 먹으러 어디에 갈까요?
   나 : 서면에 가요. 서면에는 ______________________________

2. 가 : 이 가방 여기에 놓아도 돼요?
   나 : 안 돼요. 여기는 너무 좁아서 ______________________________

3. 가 : 쓰레기통을 못 찾겠어요. 이걸 어디에 버려야 해요?
   나 : 여기에는 쓰레기를 ______________________________. 그냥 가져가세요.

4. 가 : 다리가 너무 아파요. 좀 앉아서 쉬고 싶어요.
   나 : 조금만 더 가면 ______________________________. 거기에서 쉽시다.

말해 봅시다

• 그림을 보고 〈보기〉와 같이 이야기해 보십시오.

보 기

가 : 오후에 운동하러 갈까요?
나 : 온천천에 가요.
가 : 거기에 운동할 데가 있어요?
나 : 그럼요. 운동할 데가 많아요.

1. 

2. 

3. 

단어장

놓다
버리다
그냥

–아/어 두다

예문

왕 붕 : 기무라 씨, 이 코트를 어떻게 할까요?
기무라 : 옷걸이에 걸어 두세요.
왕 붕 : 옷걸이에 옷이 많아서 걸 데가 없어요.
기무라 : 그러면 의자 위에 두세요.

연습

1. 가 : 가족들에게 줄 선물은 샀어요?
   나 : 지난 주말에 ____________________
2. 가 : 오늘 학비를 내야 하는데 돈을 준비했어요?
   나 : 어제 은행에서 ____________________
3. 가 : 결혼식장은 예약했어요?
   나 : 지난달에 ____________________
4. 가 : 이제 차가 출발하는데 괜찮겠어요?
   나 : 그래서 조금 전에 멀미약을 ____________________

단어장
옷걸이에 걸다
학비
결혼식장
멀미약

말해 봅시다

• 누나가 집에 와서 무엇을 해 두었습니까? 그림을 보고 이야기해 보십시오.

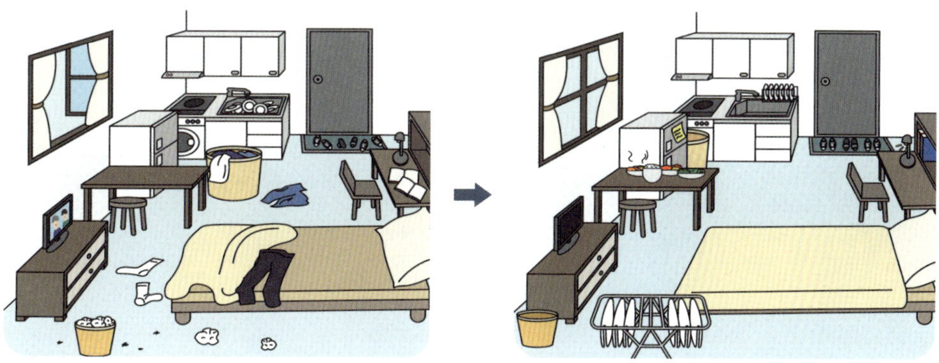

7과 문법과 표현 3

−(으)ㄴ 후에

※ −(으)ㄴ 후에 ↔ 기 전에 ≒ 고 나서

예 문

동 우 : 중국에 가려면 비자가 필요해요?
송 영 : 네. 필요해요. 그런데 여권은 있어요?
동 우 : 여권도 없어요.
송 영 : 그럼 먼저 여권을 만든 후에 비자를 신청하세요.

연 습

1. 가 : 언제 운동을 하러 가요?

   나 : ______________________________

2. 가 : 왜 배탈이 났어요?

   나 : ______________________________

3. 가 : 언제 친구를 만나요?

   나 : ______________________________

4. 가 : 대학을 졸업하고 무엇을 할 거예요?

   나 : ______________________________

말해 봅시다

• 그림을 보고 〈보기〉와 같이 이야기해 보십시오.

보 기

저는 아침 6시 30분에 일어납니다. 그리고 6시 40분에 세수를 합니다.
세수를 한 후에 ______________.

AM 6:30 | 6:40 | 7:00 | 7:30 | 8:00 | 9:00

단어장
비자
여권
신청하다

듣고 말하기 관광 경험 말하기

20

동 우 : 소피아 씨, 송도해수욕장에 가 봤어요?
소피아 : 네. 친구가 정말 좋아했어요.
동 우 : 뭐가 제일 좋았어요?
소피아 : 해상케이블카를 탔는데 하늘에서 보는 바다가 정말 아름다웠어요.
동 우 : 그래요? 저도 작년에 타 봤어요.
소피아 : 그리고 바다 위로 걷는 길도 좋았어요.
동 우 : 구름산책로 말이에요?
소피아 : 네. 조금 무서웠지만 재미있었어요.
동 우 : 점심은 뭐 먹었어요?
소피아 : 기념품을 산 후에 피자와 파스타를 먹었어요.
동 우 : 그랬군요. 다음에는 생선회를 먹어 보세요. 회가 정말 싱싱해요.
소피아 : 네. 기억해 둘게요.

단어장
- 해상케이블카
- 기념품
- 기억하다
- 전시회
- 감상(하다)
- 길거리

이야기해 봅시다

● 친구에게 관광지를 추천하는 대화를 해 봅시다. 그곳에서 한 일을 말하고 음식도 추천해 주십시오.

장소	한 일	추천 음식
범어사	절 구경 / 금정산 산책	산채 비빔밥
감천문화마을	벽화 앞에서 사진 / 전시회 감상	길거리 음식

7과 듣기

• 다음을 보고 이야기해 보십시오.

◉ 다음을 듣고 물음에 답하십시오. 🎧 21

1. 송영은 남포동에서 무엇을 하고 싶어 합니까?

____

2. 남자가 부산 타워를 추천한 이유는 무엇입니까?

____

3. 들은 내용과 같은 것을 고르십시오. (　　)
   ① 송영은 남포동에 한 번 가 봤습니다.
   ② 남포동에 시장은 많지만 백화점은 없습니다.
   ③ 씨앗호떡은 남포동에서 파는 음식 이름입니다.
   ④ 송영은 주말에 남자와 함께 남포동에 갈 겁니다.

단어장
정하다
거리 음식
한눈에 보다
기대가 되다

이야기해 봅시다

• 가 보고 싶은 부산의 관광지에 대해서 친구와 대화해 보십시오.

말하기 Tip

소피아 씨는 부산에서 어디에 가 보고 싶어요?
왜 거기에 가 보고 싶어요?

• 경주의 유적입니다. 다음을 보고 이야기해 보십시오.

◉ 다음 글을 읽고 물음에 답하십시오.

어제 친구와 함께 경주에 갔습니다. 저는 출발하기 전에 경주에 대해서 아무것도 몰랐습니다. 기차에서 친구가 경주에 대해서 설명을 해 주었습니다. 천백 년 전에 경주는 신라의 수도였습니다. 그래서 경주에는 신라의 유적을 볼 데가 많습니다.

우리는 경주에 도착한 후에 자전거를 빌렸습니다. 자전거를 타고 관광을 시작했습니다. 경주는 조용한 도시였습니다. 기와집이 많고 산이 낮았습니다. 우리는 먼저 경주박물관을 보고 나서 불국사에 갔습니다. 불국사를 본 후에 첨성대와 월지도 보았습니다. 모두 아주 아름다웠습니다. 경주역에서 경주의 특산물인 황남빵을 샀습니다. 빵도 맛있었습니다. 다음에 또 가고 싶습니다.

1. 경주를 관광한 곳을 순서대로 쓰십시오.

( ) → ( ) → ( ) → ( )

2. 이 글의 내용과 같은 것을 고르십시오. ( )

① 나는 경주까지 자전거로 갔습니다.
② 나는 경주에 가서 친구를 만났습니다.
③ 경주는 오래된 도시라서 유적이 많습니다.
④ 우리는 기차에서 경주의 특산물을 샀습니다.

단어장

아무것도
수도
유적
기와집
특산물

이야기해 봅시다

• 한국에서 가 본 관광지에 대해서 친구와 대화해 보십시오.

말하기 Tip

송영 씨는 한국에서 어디에 가 봤어요?
거기에 어떻게 갔어요?
거기에서 무엇을 했어요?
무엇을 먹었어요?

7과 쓰기

◉ 가 보고 싶은 부산의 관광지에 대해서 써 보십시오.

처음	관광지 이름	저는 부산의 관광지 중에서 ________에 가 보고 싶습니다.
	관광지에 대한 간단한 소개	
가운데	하고 싶은 것 (보고 싶은 것, 먹고 싶은 것 등) 그 이유	
끝	마무리	

▶ 위의 글을 원고지에 써 보십시오.

부산 관광 지도

8과 새해 복 많이 받으세요.

학습목표

| 대화 설날 풍습 말하기
| 듣고 말하기 설날 풍경

| 듣기 추석
| 읽기 윷놀이
| 쓰기 한국의 명절

| 문법과 표현1 -(으)면서 (1)
| 문법과 표현2 -(으)면서 (2)
| 문법과 표현3 -(으)ㄴ 지 -이/가 되다

| 어휘+
높임말

8과 대화 설날 풍습 말하기

22

민 지 : 꾸언 씨, 어서 오세요. 새해 복 많이 받으세요.

꾸 언 : 초대해 줘서 고마워요. 민지 씨도 새해 복 많이 받으세요.
와, 손님이 많이 오셨네요.

민 지 : 오늘은 설날이라서 친척 어른들이 많이 오셨어요.
한국에는 설날 아침에 어른들께 세배를 드리는 풍습이 있어요.

꾸 언 : 네. 그렇군요.

민 지 : 꾸언 씨는 세배를 해 본 적이 있어요?

꾸 언 : 실제로 해 본 적은 없지만 드라마에서는 본 적이 있어요.

민 지 : 그럼 오늘 직접 한번 해 보세요.

꾸 언 : 네. 그런데 세배는 어떻게 해요?

민 지 : 나를 보면서 따라 하세요.

꾸 언 : 알겠어요.

이야기해 봅시다

- 〈보기〉와 같이 친구들과 대화해 보십시오.

보 기

가 : 설날에는 어떤 풍습이 있습니까?
나 : 차례를 지내는 풍습이 있어요.

차례를 지내다

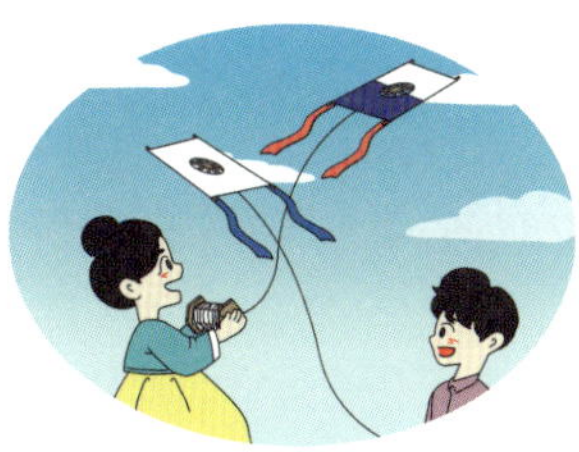

연날리기를 하다

널뛰기를 하다

단어장

- 새해
- 복
- 설날
- 친척
- 세배를 하다
- 풍습
- 실제로
- 직접
- 따라 하다

문법과 표현 1

–(으)면서 (1)

예 문

송 영 : 기무라 씨는 어때요?
왕 붕 : 부지런하면서 친절해요.
송 영 : 기무라 씨의 직업은 뭐예요?
왕 붕 : 학생이면서 회사원이에요.

연 습

1. 가 : 학교에 무엇을 타고 와요?
   나 : 지하철요. ____________________

2. 가 : 송도 해수욕장은 어때요?
   나 : 좋아요. ____________________

3. 가 : 가장 친한 친구는 누구예요?
   나 : 제임스 씨요. 제임스 씨는 ____________________

4. 가 : 어디에서 자주 쇼핑해요?
   나 : 지하철 역 근처 마트요. 그곳은 ____________________

말해 봅시다

• 〈보기〉와 같이 친구들과 대화해 보십시오.

보 기

가 : 좋아하는 음악이 있어요?
나 : K-pop을 좋아해요.
K-pop은 멜로디가 아름다우면서 가사도 좋아요
가 : 저도 K-pop을 한번 들어 보고 싶네요.

좋아하는 것	특징
음악 / K-pop	멜로디가 아름답다 / 가사도 좋다
과일 / 한라봉	달다 / 새콤하다
운동 / 인라인스케이트	재미있다 / 건강에 좋다

단어장
멜로디
가사
한라봉
달다
새콤하다
인라인스케이트

–(으)면서 (2)

예문

안 나 : 제임스 씨, 지금 뭐 해요?
제임스 : 커피를 마시면서 영화를 보고 있어요.
안나 씨는요?
안 나 : 저는 음악을 들으면서 요가를 하고 있어요.

말해 봅시다

- 〈보기〉와 같이 친구들과 대화해 보십시오.

보 기

가 : 왕붕 씨는 지금 뭐 해요?
나 : 왕붕 씨는 청소를 하면서 시계를 봐요.

단어장

문법과 표현 3

–(으)ㄴ 지 –이/가 되다

예 문

안 나 : 왕붕 씨, 부산대학교에 언제 왔어요?
왕 붕 : 한 달 전에 왔어요. 한국어를 배운 지 한 달 됐어요.
민지 씨는 언제부터 요가를 배웠어요?
안 나 : 저는 6개월 전에 요가를 배우기 시작했어요.
요가를 배운 지 6개월이 됐어요.

연 습

1. 가 : 피아노를 언제부터 배웠어요?
   나 : 2016년부터 배웠으니까 배운 지 ______________________
2. 가 : 여자 친구를 얼마나 사귀었어요?
   나 : 작년 6월에 만났으니까 ______________________
3. 가 : 이 휴대폰을 얼마동안 썼어요?
   나 : 작년 7월에 샀으니까 ______________________
4. 가 : 언제부터 안경을 끼기 시작했어요?
   나 : ______________________

말해 봅시다

- 〈보기〉와 같이 친구들과 대화해 보십시오.

보 기

가 : 부산에 온 지 얼마나 됐어요?
나 : 부산에 온 지 3년 됐어요.

상황	
한국에 오고 3년이 지났다.	이틀 전에 청소했다.
버스에서 30분 전에 내렸다.	머리를 자르고 한 달이 지났다.
도서관에서 3시간 동안 공부하고 있다.	고향음식을 1년 전에 먹고 못 먹었다.

단어장
요가
(안경을) 끼다

23

2월 19일 날씨 : 맑은 후 흐림

오늘은 한국의 설날입니다. 나는 한국에 온 지 6개월이 되었습니다. 올해는 한국 친구의 집에서 설날을 보냈습니다. 설날 아침, 민지 씨 집에 초대를 받아서 아침 일찍 민지 씨 집으로 갔습니다. 민지 씨 집에는 가족과 친척들이 많았습니다. 나는 민지 씨의 부모님과 친척 어른들께 세배를 드렸습니다. 민지 씨의 아버지께서 "꾸언, 올해도 건강하고 복 많이 받아요."라고 말씀하시면서 나에게도 세뱃돈을 주셨습니다. 나는 좀 놀랐지만 세뱃돈을 받아서 기분이 좋았습니다. 우리는 세배를 드린 후에 떡국을 먹었습니다. 민지 씨 어머니께서 "떡국을 먹으면 한 살을 더 먹어요."라고 말씀하셨습니다. 나는 그 말을 듣고 떡국을 두 그릇 먹었습니다. 나의 모습을 보고 민지 씨 가족들이 모두 웃었습니다. 이번 설날은 정말 기억에 남을 것 같습니다.

단어장
- 세뱃돈
- 놀라다
- 떡국
- (나이를) 먹다
- 기억에 남다

이야기해 봅시다

- 〈보기〉와 같이 친구들과 대화해 보십시오.

보 기

가 : 새해에 무슨 인사말을 합니까?
나 : 한국에서는 "새해 복 많이 받으세요."라고 말합니다.

듣기

- 한국의 명절 모습입니다. 다음을 보고 이야기해 보십시오.

◉ 다음을 듣고 물음에 답하십시오. 🎧 24

1. 송편은 어떤 음식입니까?

____

2. 들은 내용과 같은 것을 고르십시오. (　　)
   ① 설날과 추석은 한국의 큰 명절입니다.
   ② 설날에는 다양한 모양의 송편을 먹습니다.
   ③ 남자는 송편을 예전에 먹어 본 적이 있습니다.
   ④ 여자는 지난 추석에 기무라 씨를 초대했습니다.

단어장

선물세트
명절
떡
딸을 낳다

이야기해 봅시다

- 여러분 나라의 명절에 대해서 친구와 대화해 보십시오.

말하기 Tip

꾸언 씨 나라에는 어떤 명절이 있어요?
언제예요?
그날 무엇을 해요?
무엇을 먹어요?

8과 읽기

• 다음을 보고 이야기해 보십시오.

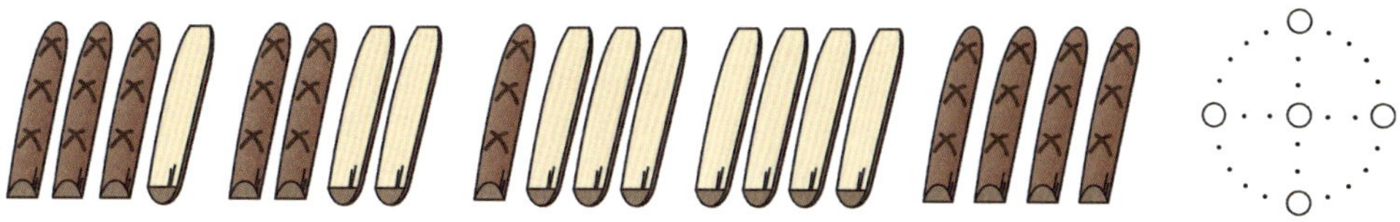

• 다음 글을 읽고 물음에 답하십시오.

> 한국 사람들은 명절에 온 가족이 모이면 윷놀이를 하면서 즐거운 시간을 보냅니다. 윷놀이는 한국의 전통 놀이입니다. 한국에서 윷놀이가 시작된 지 1000년 정도 되었습니다. 그래서 역사가 아주 오래된 놀이입니다. 보통 음력 1월 1일부터 15일까지 윷놀이를 했습니다.
>
> 윷놀이에 사용하는 윷판은 동서남북, 네 방향을 의미합니다. 윷놀이의 도, 개, 걸, 윷, 모는 각각 돼지, 개, 양, 소, 말을 의미합니다. 이 동물들은 옛날 한국인들에게 큰 재산이었고 일상생활에서 가장 중요한 동물이었습니다. 이렇게 윷놀이는 한국인의 역사와 문화를 보여주는 대표적인 놀이입니다.

1. 윷놀이의 역사는 얼마나 오래 되었습니까?

____

2. 이 글의 내용과 다른 것을 고르십시오. (　　)
   ① 윷놀이는 명절에 하는 놀이입니다.
   ② 윷놀이에서 도는 돼지를 의미합니다.
   ③ 새해에 보름 동안 윷놀이를 했습니다.
   ④ 도, 개, 걸, 윷, 모는 방향을 의미합니다.

단어장

윷놀이
역사
동서남북
방향
의미하다
각각
동물
재산
일상생활
대표적

이야기해 봅시다

• 친구들과 윷놀이를 하면서 대화해 보십시오.

8과 쓰기

◉ 자기 나라의 명절을 설명하는 글을 써 보십시오.

처음	명절 이름	
	날짜	
가운데	풍습 (하는 것, 먹는 것)	
끝	마무리	

▶ 위의 글을 원고지에 써 보십시오.

높임말

사람	→	분	에게 주다	→	께 드리다
말	→	말씀	먹다, 마시다	→	드시다
집	→	댁	죽다	→	돌아가시다
생일	→	생신	아프다	→	편찮으시다 / 아프시다
나이	→	연세	있다	→	계시다
이름	→	성함	자다	→	주무시다

이/가	→	께서
에게/에게서	→	께
은/는	→	께서는

▶ 아버지께서는 댁에 계세요?

▶ 안녕히 주무세요.

▶ 선생님께서는 다리가 아프십니다.

▶ 할머니께서 작년에 돌아가셨어요.

▶ 부모님께 선물을 드릴 겁니다.

▶ 할아버지께서는 연세가 많으십니다.

▶ 성함이 어떻게 되세요?

▶ 아버지 생신은 6월 30일입니다.

9과 저는 운동을 자주 하는 편입니다.

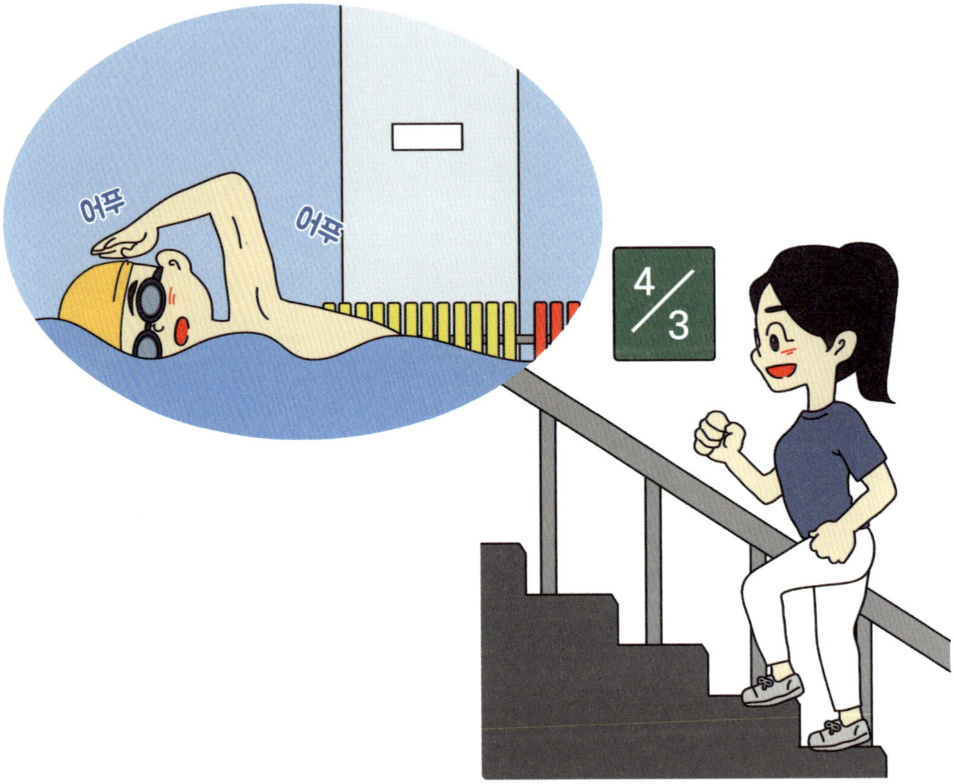

학습목표

| **대화** 운동 추천하기
| **듣고 말하기** 수영 프로그램 등록하기

| **듣기** 스트레스 해소법
| **읽기** 자주 하는 운동
| **쓰기** 추천하는 운동

| **문법과 표현1** –기(가) 어렵다
| **문법과 표현2** –는 편이다
| **문법과 표현3** –겠–

| **어휘+**
빈도 부사

9과 대화 운동 추천하기

25

왕 붕 : 민지 씨, 왜 이렇게 힘들어 해요?

민 지 : 엘리베이터를 타지 않고 7층까지 걸어서 왔어요.

왕 붕 : 왜요? 엘리베이터가 고장 났어요?

민 지 : 아니요. 평소에 운동을 안 해서 좀 하려고요.
왕붕 씨는 운동을 자주 하는 편이에요?

왕 붕 : 네. 자주 하는 편이에요.
하루에 한 시간씩, 일주일에 세 번은 꼭 운동해요.

민 지 : 저는 요즘 허리가 아파서 오래 앉아 있기가 힘들어요.
무슨 운동이 좋을까요?

왕 붕 : 수영이 좋아요.
저도 예전에 허리가 아픈 적이 있었는데 수영을 해서 나았어요.

민 지 : 그래요? 그럼 저도 수영을 해야겠어요.

이야기해 봅시다

단어장
소화(가) 안 되다

• 다음의 내용으로 위의 **대화**처럼 친구와 대화해 보십시오.

얼마나 자주	아픈 곳	힘든 것	추천 운동
하루에 한 시간씩 / 일주일에 세 번	허리가 아프다	오래 앉아 있다	수영
하루에 두 시간씩 / 이틀에 한 번	소화가 안 되다	음식을 먹다	등산
하루에 30분씩 / 매일	무릎이 아프다	오래 걷다	요가

문법과 표현 1

-기(가) 어렵다

※ -기(가) 어렵다 / 쉽다 / 힘들다 / 편하다 / 불편하다 / 간단하다 / 복잡하다 등

예 문

민 지 : 제임스 씨, 한국 생활이 어때요?
제임스 : 한국에 온 지 얼마 안 되어서 생활하기가 힘들어요.
민 지 : 그러면 뭐가 가장 힘들어요?
제임스 : 음식 주문하기가 제일 힘들어요.

연 습

1. 가 : 한복을 입어 보니까 어때요?
   나 : 멋져 보여요. 그런데 혼자 ______________________
2. 가 : 떡볶이를 집에서 만들고 싶어요. 그런데 어떻게 만들어요?
   나 : 인터넷으로 찾아보세요. ______________. 누구든지 할 수 있어요.
3. 가 : 부산에서 운전해 봤어요?
   나 : 네. 그런데 ______________________
4. 가 : 이사한 집에서 학교까지 다니기가 어때요?
   나 : ______________________

말해 봅시다

- 〈보기〉와 같이 친구와 대화해 보십시오.

보 기

가 : 물고기를 키워 봤어요?
나 : 네. 그런데 돈이 많이 들어서 키우기가 힘들었어요.

상황	힘든 이유
물고기를 키우다	돈이 많이 들다
삼계탕을 먹다	뜨겁다
새로 산 세탁기를 쓰다	복잡하다

단어장
물고기
키우다
세탁기

-는 편이다

예문

송 영 : 동우 씨는 밥을 많이 먹어요?
동 우 : 네. 밥을 두 그릇씩 먹어요. 많이 먹는 편이에요.
송 영 : 그런데 동우 씨는 날씬하네요.
동 우 : 저는 살이 잘 안 찌는 편이에요.

연습

1. 가 : 몇 시에 자요?
   나 : 저는 매일 저녁 10시에 자요. ______________________
2. 가 : 올해 여름은 어때요?
   나 : 작년 여름보다 ______________________
3. 가 : 동우 씨는 성격이 어때요?
   나 : 무엇이든지 빨리 하려고 해요. ______________________
4. 가 : 부산에 여행 가는데 뭘 먹으면 좋을까요?
   나 : 해산물을 먹어 보세요. 다른 지역보다 ______________________

말해 봅시다

● 〈보기〉와 같이 친구들과 대화해 보십시오.

보기

가 : 화장실을 청소했네요.
나 : 더러운 것 같아서 청소했어요.
가 : 화장실을 얼마나 자주 청소해요?
나 : 일주일에 두 번 청소해요.
가 : 와, 화장실을 자주 청소하는 편이네요.

상황	이유	빈도
화장실을 청소하다	더럽다	일주일에 두 번
자동차를 바꾸다	오래 타다	15년에 한 번
미용실에 갔다 오다	머리가 길다	3주에 한 번

단어장
살이 찌다
해산물

–겠–

예 문

사장님 : 오늘 회식할까요?
제임스 : 네. 좋습니다. 식당은 제가 예약하겠습니다.
안　나 : 그러면 직원들에게는 제가 알리겠습니다.
사장님 : 오늘 회식비는 제가 내겠습니다.

소피아 : 기무라 씨, 다리 다쳤어요?
기무라 : 어제 축구를 하다가 다쳤어요.
소피아 : 많이 아프겠어요.
기무라 : 어제는 아팠는데 많이 나아졌어요.

연 습

1. 가 : 여기는 주차 금지 구역입니다.
   나 : 죄송합니다. ____________________
2. 가 : 여기에서는 담배를 피우면 안 됩니다.
   나 : ____________________
3. 가 : 날씨가 흐리네요. 오후에는 ____________________
   나 : 네. 비가 오고 난 후에는 추울 것 같아요.
4. 가 : 소피아 씨가 댄스 대회에서 1등을 해서 오백만 원을 받았어요.
   나 : 와, ____________________

말해 봅시다

• 〈보기 1〉과 같이 여러분의 다짐을 말해 보십시오.

보 기 1

저는 올해는 운전 면허증을 꼭 따겠습니다.

• 〈보기 2〉와 같이 친구들과 대화해 보십시오.

보 기 2

가 : 어제 다섯 시간 동안 등산을 했어요.
나 : 다리가 많이 아팠겠어요. / 다리가 많이 아프겠어요.

상황	
어제 다섯 시간 동안 등산하다	하루 종일 밥을 못 먹다
한 달 전에 계단에서 넘어지다	세 시간 동안 숙제를 하고 있다.
지난주에 장학금을 받다	보일러가 고장 나다

단어장
회식비
알리다
주차 금지 구역
다짐
운전 면허증을 따다
하루 종일
보일러

듣고 말하기 수영 프로그램 등록하기

26

안내원 : 어서 오세요.
민 지 : 안녕하세요? 다음 달부터 수영을 배우려고 해요.
안내원 : 전에 수영을 배운 적이 있으세요?
민 지 : 네. 한 달 정도 배웠어요.
안내원 : 그러면 초급반에 들어가시면 돼요.
민 지 : 초급반 수업은 언제 있어요?
안내원 : 오전에는 7시부터 8시까지, 오후에는 2시부터 3시까지 수업이 있어요.
민 지 : 저녁 수업은 없어요?
안내원 : 초급반은 저녁 수업이 없어요.
민 지 : 그럼 오후 수업을 들을게요. 회비는 얼마예요?
안내원 : 한 달에 오만 원인데 삼 개월 하시면 할인해서 십이만 원이에요.
민 지 : 그러면 초급 오후반, 삼 개월로 등록할게요.

이야기해 봅시다

- 아래의 수영 강습 시간표를 보면서 안내원과 대화해 보십시오.

급수	수영 프로그램		
	시간	기간	회비
초급	오전 7:00~ 8:00 오후 2:00~ 3:00	1 개월	5만 원
중급	오전 8:00~ 9:00 오후 4:00~ 5:00	3 개월	12만 원
고급	오전 9:00~10:00 오후 7:00~ 8:00	6 개월	18만 원

단어장
등록하다

9과 듣기

• 다음을 보고 이야기해 보십시오.

◉ 다음을 듣고 물음에 답하십시오. 27

1. 안나 씨는 왜 스트레스가 심합니까?

____

2. 들은 내용과 같은 것을 고르십시오. (　　)
   ① 주말에는 요가를 배울 수 있는 곳이 없습니다.
   ② 안나 씨는 운동을 좋아해서 자주 하는 편입니다.
   ③ 안나 씨는 스트레스 때문에 잠을 자기가 힘듭니다.
   ④ 안나 씨는 지난 주말에 요가 학원에 등록했습니다.

단어장

스트레스가 풀리다

이야기해 봅시다

• 스트레스를 푸는 방법에 대해서 친구와 대화해 보십시오.

말하기 Tip

기무라 씨는 언제 스트레스를 받아요? 스트레스를 받으면 무엇을 해요? 왜 그것을 해요?

• 다음을 보고 이야기해 보십시오.

• 다음 글을 읽고 물음에 답하십시오.

저는 건강한 편입니다. 감기에 걸린 적이 거의 없습니다. 아마 매일 운동을 해서 그런 것 같습니다. 제가 자주 하는 운동은 달리기입니다. 매일 한 시간씩 달리기를 하고 있습니다.

달리기는 좋은 점이 많습니다. 운동화와 달릴 장소만 있으면 언제든지 가능합니다. 달리면 마음이 편안해져서 스트레스도 풀 수 있습니다. 그리고 전신 운동이기 때문에 몸 전체가 튼튼해집니다. 그래서 병에 잘 걸리지 않습니다.

저는 마라톤 대회에 관심이 있지만 지금까지 참가한 적은 없습니다. 달리기 연습을 더 열심히 해서 내년에는 마라톤 대회에 참가해 보려고 합니다. 마라톤 대회에서 상도 받고 싶습니다.

1. 이 사람이 자주 하는 운동은 무엇입니까?

2. 이 글의 내용과 같은 것을 고르십시오. (　　)
① 마라톤을 하려면 준비를 많이 해야 합니다.
② 달리기를 하면 몸과 함께 정신도 건강해집니다.
③ 이 사람은 마라톤 대회에 참가한 적이 있습니다.
④ 이 사람은 운동을 자주 하지만 감기에 잘 걸립니다.

단어장
달리기
마라톤
전신 운동
튼튼하다
정신

이야기해 봅시다

• 추천하고 싶은 운동에 대해서 친구와 대화해 보십시오.

말하기 Tip

제임스 씨는 무슨 운동을 추천하고 싶어요?
그 이유는 뭐예요?

9과 쓰기

◉ 여러분은 친구에게 어떤 운동을 추천하고 싶습니까? 써 보십시오.

처음	운동 소개	저는 ______을/를 추천하려고 합니다.
가운데	추천하는 이유	
끝	마무리	

▶ 위의 글을 원고지에 써 보십시오.

빈도 부사

※ 항상, 언제나/ 자주/ 가끔/ 별로, 거의(+ 안, 못)/ 전혀(+안, 못)

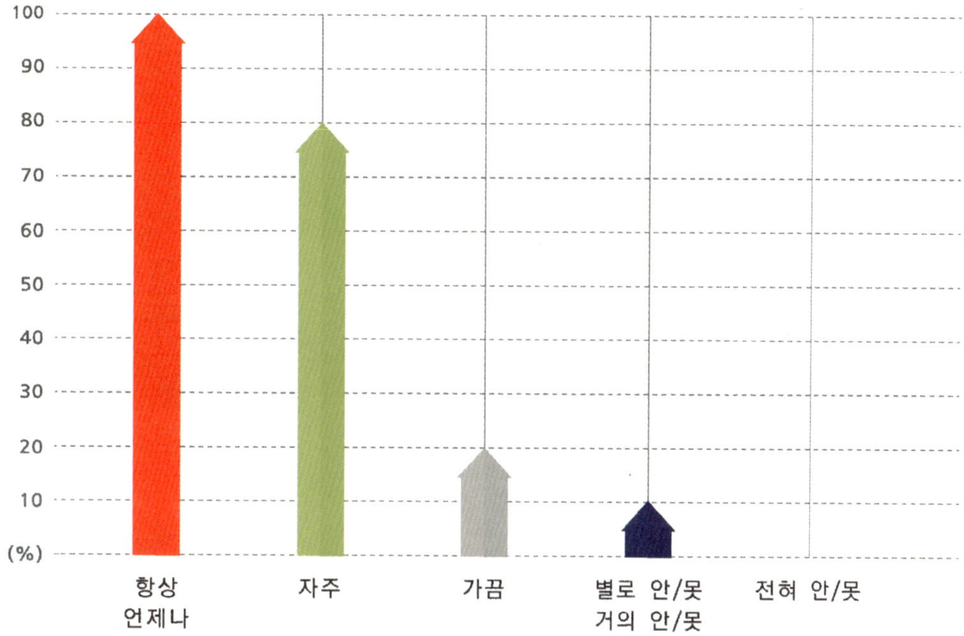

저는 일주일에 세 번 운동을 합니다. 운동을 자주 합니다.
저는 두 달에 한 번 술을 마십니다. 술을 가끔 마십니다.
저는 일 년 동안 영화를 한 번 봤습니다. 영화를 거의 안 봅니다.
저는 일본어를 배운 적이 없습니다. 일본어를 전혀 못 합니다.

10과 거기 언어교육원이죠?

학습목표

| 대화 전화로 문의하기
| 듣고 말하기 전화로 예약 변경하기

| 듣기 송별회 준비
| 읽기 전화 예절
| 쓰기 편지 쓰기

| 문법과 표현1 -아/어 주다
| 문법과 표현2 -지요?
| 문법과 표현3 -(으)ㄹ 테니까

| 어휘+
상황에 따른 전화 통화

10과 대화 전화로 문의하기

28

왕 붕 : 여보세요. 거기 언어교육원 행정실이죠?

직원 1 : 네. 그렇습니다.

왕 붕 : 토픽시험 때문에 전화했어요.

직원 1 : 네. 잠깐만요. 담당자 바꿔 드릴게요.

직원 2 : 여보세요. 전화 바꿨습니다.

왕 붕 : 이번에 토픽시험을 신청하려고 하는데 뭐가 필요해요?

직원 2 : 우리 언어교육원 학생이세요?

왕 붕 : 네. 맞아요.

직원 2 : 그럼, 언어교육원 학생증과 신분증, 사진 1장과 신청비를 준비하시면 됩니다.

왕 붕 : 신청은 언제까지예요?

직원 2 : 이번 주 수요일까지예요. 신청자가 많을 테니까 가능하면 빨리 신청하세요.

왕 붕 : 네. 알겠습니다. 고맙습니다.

단어장

담당자
신분증
가능하다
연장(하다)
거주지 증명서
수강료
수수료

이야기해 봅시다

- 다음의 내용으로 위의 **대화**처럼 친구와 대화해 보십시오.

문의	방법
토픽시험 신청	학생증, 신분증, 사진 1장, 신청비
비자 연장	신분증, 거주지 증명서, 수강료, 수수료
방과 후 활동 신청	학생증, 수강료

–아/어 주다

※ –아/어 주시겠습니까?

예 문

꾸 언 : 민지 씨, 어제 생일이었는데 무슨 선물을 받았어요?
민 지 : 언니가 나에게 스웨터를 만들어 줬어요.
꾸 언 : 와, 민지 씨 언니가 솜씨가 좋네요.
민 지 : 네. 그리고 언니가 미역국도 끓여 줬어요.

연 습

1. 가 : 바람이 많이 부는데 창문을 좀 닫을까요?
   나 : 네. ______________________________

2. 가 : 팔을 다쳤는데 요리를 어떻게 했어요?
   나 : 언니가 나 대신에 ______________________________

3. 가 : 이번 방학에 어디로 여행을 갔어요?
   나 : 친구의 나라에 여행을 갔는데 친구가 나에게 ____________________

4. 가 : 조금 전에 제가 한 이야기를 다 이해했어요?
   나 : 죄송합니다. 다시 ______________________________

말해 봅시다

• 〈보기〉와 같이 친구들과 대화해 보십시오.

보 기

가 : 부산은 처음인데 길을 좀 가르쳐 주세요.
나 : 네. 가르쳐 줄게요.
가 : 고마워요. 제가 다음에 밥을 살게요.
나 : 괜찮아요.

상황	도움
부산은 처음이다	길을 가르치다
짐이 무겁다	같이 들다
지갑을 잃어버리다	돈을 빌리다

단어장
솜씨가 좋다
끓이다
대신에
(짐을) 들다

-지요?

예문

왕 붕 : 지금도 밖에 비가 계속 오지요?
민 지 : 네. 그치지 않고 계속 오네요.
왕 붕 : 내일도 계속 비가 오겠죠?
민 지 : 네. 장마철이라 이번 주는 계속 비가 올 거예요.

연습

1. 가 : 이 식당의 음식이 정말 ____________________
   나 : 네. 참 맛있네요.
2. 가 : 9시에 수업이 ____________________
   나 : 네. 곧 수업이 시작되니까 빨리 교실로 가세요.
3. 가 : 이 가방을 70만 원에 샀어요. 가방이 ____________________
   나 : 네. 좀 비싼 것 같아요.
4. 가 : 저 사람은 ____________________
   나 : 아니요. 일본 사람이 아니라 중국 사람이에요.

말해 봅시다

• 〈보기〉와 같이 친구들과 대화해 보십시오.

보기

가 : 동우 씨, 전공이 중국어지요? 중국어 좀 가르쳐 주세요.
나 : 미안해요. 저는 잘 못해요. 다른 사람을 소개해 줄게요.
가 : 그래요? 알겠어요.

상황 확인	도움
전공이 중국어이다	중국어를 가르치다
시간이 있다	이삿짐을 옮기다
사진을 잘 찍다	발표회에서 사진을 찍다

단어장
장마철
이삿짐
옮기다
발표회

-(으)ㄹ 테니까

① 의지, 계획

학생들 : 선생님, 오후에는 어떤 활동을 해요?
선생님 : 오후에는 다도 체험을 할 테니까 한복을 입고 기다리세요.

② 추측

남 편 : 여보, 오늘 저녁에 비가 올 테니까 우산을 가져가요.
아 내 : 네. 그렇게 할게요.

연 습

1. 가 : 집이 너무 더러워요.
   나 : 그럼, 저는 ____________ 민지 씨는 ____________
2. 가 : 소피아 씨, 내일이 제임스 씨 생일이에요.
   나 : 저는 ____________ 왕붕 씨는 ____________
3. 가 : 주말에 같이 등산을 갈까요?
   나 : 주말에 태풍이 와요. 바람이 많이 ____________
4. 가 : 민지와 같이 점심을 먹을까요?
   나 : 민지는 벌써 ____________

말해 봅시다

• 〈보기〉와 같이 친구들과 대화해 보십시오.

보 기

가 : 민지 씨, 어디 가요?
나 : 산책하러 공원에 가요.
가 : 오후에 날씨가 추워질 테니까 코트를 가져가세요.
나 : 네. 그럴게요.

계획	조언
산책 - 공원	오후에 날씨가 춥다 / 코트를 가져가다
공부 - 도서관	지금 자리가 없다 / 집에서 공부하다
등산 - 금정산	아직 길이 미끄럽다 / 봄이 되면 가다

단어장
다도
체험
자리
미끄럽다

듣고 말하기 전화로 예약 변경하기

29

직 원: 여보세요. 무궁화 한정식입니다.
안 나: 제가 이번 주 토요일로 예약을 했는데 날짜를 좀 연기하려고요.
직 원: 잠시만요. 확인해 보겠습니다.
예약하신 분 성함이 어떻게 되십니까?
안 나: 안나입니다.
직 원: 토요일 오후 1시로 예약하셨죠?
안 나: 네. 맞아요.
직 원: 그럼, 언제로 바꾸시겠습니까?
안 나: 일요일도 괜찮을까요?
직 원: 네. 괜찮습니다.
안 나: 그럼, 일요일 오후 1시로 바꿔 주세요.
그리고 조용한 방으로 부탁드려요.
직 원: 네. 알겠습니다.

단어장
한정식
연기하다
앞당기다
전망
취소하다
예약금
환불

이야기해 봅시다

● 친구와 전화로 예약을 변경하는 말하기를 해 봅시다. 아래 내용에 맞게 한 사람은 직원이 되고 한 사람은 손님이 되어 질문하고 대답해 보십시오.

문의	변경 내용	요청
예약 시간을 앞당기다	토요일 오후 7시 → 금요일 정오	전망 좋은 방
예약을 취소하다	크리스마스	예약금 환불

10과 듣기

• 다음을 보고 이야기해 보십시오.

◉ 다음을 듣고 물음에 답하십시오. 🎧 30

1. 소피아는 동우에게 왜 전화했습니까?

____

2. 들은 내용과 같은 것을 고르십시오. (　　)

① 소피아는 벌써 식당을 예약했습니다.

② 동우는 송별회에 참석할 친구들을 초대했습니다.

③ 소피아는 며칠 전에 마이클의 귀국 소식을 들었습니다.

④ 동우는 금요일에 마이클의 선물을 사서 우정식당에 갈 겁니다.

단어장

귀국하다
방금
송별회
소식

이야기해 봅시다

• 고향에 돌아가는 친구가 있습니다. 해 주고 싶은 것에 대해 친구와 대화해 보십시오.

말하기 Tip

무엇을 준비하려고 해요?
왜 그것을 준비할 거예요?

• 다음을 보고 이야기해 보십시오.

• 다음 글을 읽고 물음에 답하십시오.

우리는 자주 전화통화를 합니다. 보통 친구나 가족에게는 편하게 전화를 합니다. 하지만 친구나 가족이 아니면 예의를 갖추고 전화통화를 해야 합니다.

먼저 상대방이 전화를 받으면 인사를 하고 자기소개를 합니다. 통화할 내용을 정리해서 짧게 말해야 합니다. 그리고 다른 사람이 받으면 "○○ 씨 좀 바꿔 주세요."라고 말합니다. 바꿔주면 전화한 이유를 말합니다. 통화가 끝나면 인사를 하고 전화를 끊습니다. 나보다 나이가 많은 사람과 통화하면 전화를 먼저 끊지 않습니다. 그리고 상대방의 집에 저녁 9시부터 오전 7시까지는 전화하지 않는 것이 좋습니다. 너무 늦게 또는 아침 일찍 전화하는 것은 예의가 아니기 때문입니다.

1. 무엇에 대한 이야기입니까?

____

2. 이 글의 내용과 같은 것을 고르십시오. (　　)
   ① 통화는 대화처럼 길게 하는 것이 좋습니다.
   ② 다른 사람이 받으면 나중에 다시 전화합니다.
   ③ 상대방보다 먼저 전화를 끊는 것이 예의입니다.
   ④ 밤늦게 집으로 전화하는 것은 예의가 아닙니다.

단어장
- 예의를 갖추다
- 상대방
- 정리하다
- 나중에
- (전화를) 끊다
- 특별하다

이야기해 봅시다

• 여러분 나라의 전화 예절에 대해 친구와 대화해 보십시오.

말하기 Tip

소피아 씨 나라에서는 전화를 걸면 어떻게 인사해요?
특별한 전화 예절이 있어요?

10과 쓰기

◉ 귀국하는 친구가 있습니다. 그 친구에게 편지를 써 보십시오.

상황에 따른 전화 통화

〈자리에 없을 때〉

가 : 여보세요.

나 : 여보세요. 제임스 씨 좀 부탁드립니다.

가 : 지금 안 계십니다. 잠깐 외출하셨어요.

나 : 언제 돌아오십니까?

가 : 한 시간쯤 후에 오실 거예요.
그때 다시 걸어 주세요.

나 : 네. 알겠습니다.

〈통화 중일 때〉

가 : 여보세요.

나 : 제임스 씨 계십니까?

가 : 지금 통화 중입니다.

나 : 그럼, 잠시 후에 다시 걸겠습니다.

11과 시간 날 때 뭐 하세요?

학습목표

| 대화 여가 시간에 하는 일
| 듣고 말하기 한국에 온 목적

| 듣기 찜질방
| 읽기 개미와 베짱이
| 쓰기 한국에 온 목적

| 문법과 표현1 -(으)ㄹ 때
| 문법과 표현2 -거나
| 문법과 표현3 -기 위해서

| 어휘+
취미

11과 대화 여가 시간에 하는 일

31

제임스 : 소피아 씨, 시간 날 때 뭐 하세요?

소피아 : 저는 건강을 유지하기 위해 아침마다 조깅을 하거나 요가를 해요.

제임스 : 좋은 취미네요. 함께 운동하는 친구가 있어요?

소피아 : 보통 룸메이트랑 함께 해요.

제임스 : 룸메이트와 함께 하면 심심하지 않겠네요.

소피아 : 제임스 씨는 시간 날 때 뭐 해요?

제임스 : 저는 시간 날 때마다 우체국에 가요.

소피아 : 편지를 그렇게 자주 부쳐요?

제임스 : 사실은 우체국에서 일하는 직원이 예뻐서 가는 거예요.

단어장

시간(이) 나다
유지하다
룸메이트
기분 전환을 하다
알바생

이야기해 봅시다

- 다음의 내용으로 위의 **대화**처럼 친구와 대화해 보십시오.

목적	취미	장소	이유
건강을 유지하다	조깅 / 요가	우체국	우체국 직원이 예쁘다
기분 전환을 하다	드라마 / 영화	커피숍	커피숍 주인이 멋있다
스트레스를 풀다	게임 / 쇼핑	서점	서점 알바생이 귀엽다

11과 문법과 표현 1

-(으)ㄹ 때

※ -(으)ㄹ 때마다

예 문

제임스 : 안나 씨는 기분이 안 좋을 때 무엇을 해요?
안　나 : 저는 드라마나 영화를 봐요. 제임스 씨는요?
제임스 : 저는 기분이 나쁠 때 드라이브를 해요.

연 습

1. 가 : 언제 부모님께 전화해요?
   나 : ______________________

2. 가 : 언제 한턱내요?
   나 : ______________________

3. 가 : 언제 행복해요?
   나 : ______________________

4. 가 : 언제 친구가 멋져 보여요?
   나 : ______________________

말해 봅시다

• 〈보기〉와 같이 친구들과 대화해 보십시오.

보 기

가 : 이것은 언제 사용해요? / 필요해요?
나 : 물건을 살 때 사용해요. / 필요해요.

1. 

2. 

3. 

4. 

5. 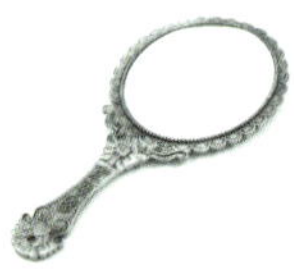

6. 

단어장
드라이브를 하다
한턱내다

-거나

예문

왕 붕 : 민지 씨, 시간이 있을 때 뭐 해요?
민 지 : 시간이 있으면 책을 읽거나 영화를 봐요.
왕붕 씨는요?
왕 붕 : 저는 친구를 만나거나 게임을 해요.

연습

1. 가 : 커피숍에서 뭘 해요?
   나 : ______________________________
2. 가 : 스마트폰으로 무엇을 해요?
   나 : ______________________________
3. 가 : 언제 고향 친구에게 전화를 해요?
   나 : ______________________________
4. 가 : 밤에 잠이 안 오면 어떻게 해요?
   나 : ______________________________

말해 봅시다

• 〈보기〉와 같이 친구들과 대화해 보십시오.

보기

가 : 머리가 많이 아플 때 어떻게 해야 해요?
나 : 약을 먹거나 병원에 가야 해요.

상황

단어장
잠이 오다
용돈(을) 쓰다
놓치다

-기 위해서

예문

소피아 : 어디에 가요?
기무라 : 터키 음식을 먹기 위해서 학교 앞 식당에 가요.
소피아 : 그래요? 저도 터키 음식 먹고 싶어요.
기무라 : 그래요? 그럼 같이 가요.

연습

1. 가 : 왜 밥을 적게 먹어요?
   나 : ______________________________
2. 가 : 왜 이렇게 일찍 퇴근했어요?
   나 : ______________________________
3. 가 : 오늘도 도서관에 가요?
   나 : ______________________________
4. 가 : 춤 연습을 정말 열심히 하네요.
   나 : ______________________________

말해 봅시다

• 〈보기〉와 같이 친구들과 대화해 보십시오.

보기

가 : 왜 아르바이트를 해요?
나 : 돈을 모으기 위해서 해요.

상황

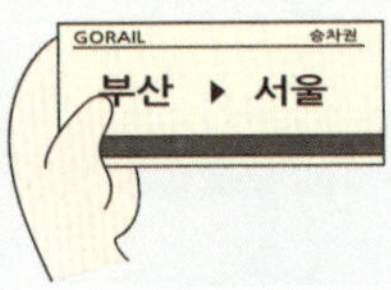

단어장

11과 듣고 말하기 한국에 온 목적

32

여러분, 안녕하세요? 저는 가나에서 온 소피아입니다. 저는 K-POP 때문에 한국을 알게 되었습니다. 가나에서 시간이 날 때마다 한국 노래를 들었습니다. 그리고 혼자 한국어를 공부했습니다. 하지만 너무 어려웠습니다. 그래서 한국어를 배우기 위해 한국에 왔습니다. 처음에는 한국 생활이 힘들었지만 지금은 많이 편해졌습니다. 그리고 한국 친구도 많이 사귀었습니다. 은행에 가서 돈을 찾거나 우체국에 가서 소포를 부치는 것도 이제 잘 할 수 있습니다.

앞으로 저는 한국어를 더 많이 공부해서 한국 노래의 가사를 이해하고 싶습니다. 의미를 알면 한국 노래를 더 잘 부를 수 있을 것 같습니다. 한국 노래를 모두 이해할 때까지 한국어를 더 열심히 공부할 겁니다.

단어장

돈을 찾다

이야기해 봅시다

- 여러분은 왜 한국에 왔습니까? 앞으로의 계획은 무엇입니까?

11과 듣기

• 다음을 보고 이야기해 보십시오.

◉ 다음을 듣고 물음에 답하십시오. 33

1. 찜질방은 어떤 곳입니까?

2. 찜질방에서 무엇을 할 수 있습니까?

3. 들은 내용과 다른 것을 고르십시오. (　　)
   ① 은주는 찜질방에 거의 안 갑니다.
   ② 찜질방에서 피로를 풀 수 있습니다.
   ③ 제임스는 찜질방에 가 본 적이 없습니다.
   ④ 찜질방에는 은주 친구도 함께 갈 겁니다.

단어장
찜질방
피로를 풀다
둘이서

이야기해 봅시다

• 찜질방에 가 본 경험에 대해서 친구와 대화해 보십시오.

말하기 Tip

꾸언 씨, 찜질방에 가 본 적이 있어요?
무엇을 해 봤어요?
어땠어요?

11과 읽기

• 다음을 보고 이야기해 보십시오.

◉ 다음 글을 읽고 물음에 답하십시오.

어느 숲에 개미와 베짱이가 살았습니다. 개미는 매일 열심히 음식을 모았습니다. 겨울에 맛있는 음식을 먹기 위해 여름부터 열심히 일을 했습니다. 그러나 베짱이는 날마다 나무에서 노래만 불렀습니다. 열심히 일만 하는 개미가 바보같이 보였습니다.

"아직 여름인데 개미는 바보같이 일만 하네."

찬바람이 불기 시작했습니다. 개미는 더 열심히 일을 했습니다. 그러나 베짱이는 날마다 놀았습니다.

겨울이 되었습니다. 얼음이 얼고 눈이 내렸습니다. 개미는 따뜻한 집에서 맛있는 음식을 먹었습니다. 하지만 베짱이는 갈 곳도 없고 먹을 것도 없었습니다. 베짱이는 계속 걸었습니다. 개미의 집 앞에서 음식을 얻기 위해 개미를 불렀습니다. 개미는 베짱이에게 따뜻한 음식을 주었습니다. 음식을 먹고 베짱이는 다시 길을 걷기 시작했습니다. 베짱이는 일하지 않은 것을 후회했습니다.

1. 개미는 왜 여름부터 열심히 일을 했습니까?

2. 이 글의 내용과 다른 것을 고르십시오. (　　)
   ① 개미는 아주 부지런하게 일했습니다.
   ② 개미는 일하지 않는 베짱이가 부러웠습니다.
   ③ 베짱이는 겨울이 될 때까지 놀기만 했습니다.
   ④ 베짱이는 겨울에 집도 없고 음식도 없었습니다.

단어장

숲
개미
베짱이
바보
얼음이 얼다
눈이 내리다
얻다
후회하다
부럽다

이야기해 봅시다

• '개미와 베짱이' 이야기를 정리하여 친구들과 이어서 말해 보십시오.

말하기 Tip

옛날 어느 숲에 개미와 베짱이가 살았습니다. →

쓰기

◉ 여러분이 한국에 온 목적을 써 보십시오.

① 왜 한국에 왔습니까?

② 한국 생활이 어떻습니까?

③ 앞으로의 계획은 무엇입니까?

11과 어휘+

취미

① 하다

② 감상하다

12과 어디 가니?

학습목표

| **대화** 반말로 약속하기
| **듣고 말하기** 일기

| **듣기** 점심 약속
| **읽기** 흥부 놀부
| **쓰기** 일기 쓰기

| **문법과 표현 1** 반말 (1)
| **문법과 표현 2** 반말 (2)
| **문법과 표현 3** 반말 (3)

| **어휘+**
ㅅ 불규칙
반말 인사말

대화 반말로 약속하기

34

꾸 언 : 민지야, 안녕?
민 지 : 어. 안녕? 꾸언.
꾸 언 : 시험 끝났어?
민 지 : 응. 이제 중간시험 끝났어.
꾸 언 : 시험도 끝났는데 뭐 할 거야?
민 지 : 친구 만나러 서면에 갈 거야.
꾸 언 : 친구 누구?
민 지 : 왕붕이랑 같이 저녁을 먹으려고 해. 넌 뭐 해?
꾸 언 : 난 별 일 없는데…….
민 지 : 그럼, 너도 같이 가자.
꾸 언 : 좋아.
민 지 : 왕붕에게는 내가 연락할게.
꾸 언 : 그럼, 우리 같이 저녁 먹고 볼링도 치자.
민 지 : 좋아. 재미있겠다!

단어장
볼링
바닷가

이야기해 봅시다

- 다음의 내용으로 위의 **대화**처럼 친구와 대화해 보십시오.

장소 / 만날 사람	만나서 할 일	제안하기
서면 / 왕붕	저녁을 먹다	볼링을 치다
온천천 / 소피아	산책을 하다	배드민턴을 치다
해운대 / 기무라	영화를 보다	바닷가를 걷다

반말 (1)

		평서형		의문형	
현재	-아/어	가요 → 가 작아요 → 작아		-아/어? -니?	가? / 가니? 작아? / 작니?
현재	-(이)야	의사예요 → 의사야 학생이에요 → 학생이야		-(이)야? -(이)니?	의사야? / 의사니? 학생이야? / 학생이니?
과거	-았/었어	갔어요 → 갔어 작았어요 → 작았어		-았/었어? -았/었니?	갔어? / 갔니? 작았어? / 작았니?
과거	-였/이었어	의사였어요 → 의사였어 학생이었어요 → 학생이었어		-였/이었어? -였/이었니?	의사였어? / 의사였니? 학생이었어? / 학생이었니?
미래	-(으)ㄹ 거야	갈 거예요 → 갈 거야 먹을 거예요 → 먹을 거야		-(으)ㄹ 거야? -(으)ㄹ 거니?	갈 거야? / 갈 거니? 먹을 거야? / 먹을 거니?
미래	-(으)ㄹ 거야	예쁠 거예요 → 예쁠 거야 좋을 거예요 → 좋을 거야		-(으)ㄹ까?	예쁠까? / 좋을까?
미래	-일 거야	의사일 거예요 → 의사일 거야		-일까?	의사일까?

이름을 부를 때	(이름)아/야	왕붕아 / 민지야
대답할 때	네 → 응 / 그래	아니요 → 아니

※ 저 → 나　제 → 내　저희 → 우리　송영 씨 → 송영

말해 봅시다

● 〈보기〉와 같이 친구들과 대화해 보십시오.

보 기

가 : 생일이 언제예요? → 가 : 생일이 언제야?
나 : 8월 15일이에요. 　나 : 8월 15일이야.

질문			
1	날씨가 어때요?	8	심심할 때 뭐해요?
2	생일이 언제예요?	9	내일 눈이 올까요?
3	이 사람 누구예요?	10	송편을 먹어 봤어요?
4	무슨 운동을 잘해요?	11	이거 어떻게 만들어요?
5	지금 뭐 하고 있어요?	12	이거 어디에서 살 수 있어요?
6	무슨 음식을 좋아해요?	13	지난 번 시험이 어땠어요?
7	내일 뭐 할 거예요?	14	벡스코에 가려면 어떻게 해야 해요?

단어장

반말 (2)

청유형		명령형	
-아/어 -자	갑시다 → 가 / 가자 앉읍시다 → 앉아 / 앉자	-아/어 -아/어라	가세요 / 가십시오 → 가 / 가라 앉으세요 / 앉으십시오 → 앉아 / 앉아라
-지 말자	가지 맙시다 → 가지 말자 앉지 맙시다 → 앉지 말자	-지 마 -지 마라	가지 마세요 → 가지 마 / 가지 마라 앉지 마세요 → 앉지 마 / 앉지 마라

말해 봅시다

• 〈보기〉와 같이 친구들과 대화해 보십시오.

보기

가 : 집에 가자.
나 : 안 돼. 내일 시험이야.
가 : 알았어. 그럼 공부하고 집에 가자.

제안 1	안 되는 이유	제안 2
집에 가다	내일 시험이다	공부하고 집에 가다
밥 먹으러 가다	배탈이 났다	다음에 같이 먹다
버스를 타다	길이 막힐 것이다	지하철을 타다
수업 후 농구하다	농구장이 공사 중이다	공사 끝나면 농구하다

말해 봅시다

• 〈보기〉와 같이 친구들과 대화해 보십시오.

보기

가 : 이 우유 마셔도 돼?
나 : 안 돼. 상한 우유야. 마시지 마. 우유 말고 주스 마셔.

하고 싶은 일	하면 안 되는 이유	제안
이 우유를 마시다	상한 우유이다	주스를 마시다
밖에 나가다	너무 춥다	집 안에서 놀다
여기서 사진을 찍다	박물관이다	보기만 하다
피아노 치다	아기가 자고 있다	책을 읽다

단어장
공사 중

반말 (3)

현재	-ㄴ/는다	갑니다 → 간다 먹습니다 → 먹는다	-(이)다	의사입니다 → 의사(이)다 학생입니다 → 학생이다
	-다	좋습니다 → 좋다		
과거	-았/었다	갔습니다 → 갔다 먹었습니다 → 먹었다	-였/이었다	의사였습니다 → 의사였다 학생이었습니다 → 학생이었다
미래	-(으)ㄹ 것이다	갈 것입니다 → 갈 것이다	-일 것이다	의사일 것입니다 → 의사일 것이다 학생일 것입니다 → 학생일 것이다

써 봅시다

● 다음을 반말로 바꾸어 써 보십시오.

1. 저는 술을 좋아하지 않습니다. 가끔 술을 마십니다.

2. 제 동생은 키가 작습니다. 하지만 농구를 잘하는 편입니다.

3. 저는 어제 등산을 했습니다. 친구와 함께 금정산에 갔습니다.

4. 제 친구는 내년에 결혼을 할 것입니다. 저는 친구 결혼식에 참석할 겁니다.

5. 제 친구 수미 씨는 대학생입니다. 수미 씨는 저에게 한국어를 가르쳐 줍니다.

6. 저는 수업 후에 아르바이트를 합니다. 여행을 가기 위해 돈을 모으고 있습니다.

7. 내일은 꼭 일찍 일어나겠습니다. 수업에 지각하지 않겠습니다.

단어장

35

4월 17일 화요일 날씨 : 맑음

오늘 학교에 가서 9시부터 '한국 영화의 이해' 수업을 들었다. 나는 외국인이라서 한국 학생들과 함께 공부하는 것이 힘들다. 하지만 한국에 대해 관심이 많아서 열심히 수업을 들었다. 집에 돌아와서 오늘 배운 영화를 다시 보면서 복습했다.

나는 한국어를 공부할 때 어려운 단어가 있으면 먼저 사전에서 찾아 본다. 그래도 이해가 안 되면 한국 친구들을 만나서 물어 본다. 한국 친구들 중에 민지가 있는데 민지는 똑똑하고 성격이 활발하다. 나는 민지에게 영어를 가르쳐 주고 민지는 나에게 한국어를 가르쳐 준다. 우리는 주말마다 도서관에서 만난다. 지난주 토요일에도 만나서 두 시간 정도 같이 공부했다. 앞으로도 한국어를 열심히 공부하면서 다양한 한국 문화도 경험해 보고 싶다.

단어장

그래도
활발하다

이야기해 봅시다

- 여러분은 같이 공부하는 친구가 있습니까? 그 친구는 어떤 친구입니까?
  같이 공부하는 친구에 대해서 소개해 보십시오.

친구 이름	친구 성격	만나서 하는 일

12과 듣기

• 다음을 보고 이야기해 보십시오.

◉ 다음을 듣고 물음에 답하십시오. 🎧 36

1. 민지와 동우는 점심에 어떤 음식을 먹으려고 합니까?

____

2. 들은 내용과 같은 것을 고르십시오. (　　)
   ① 두 사람은 분식집에서 만났다.
   ② 민지는 과제 때문에 아직 점심을 못 먹었다.
   ③ 동우는 점심을 먹은 후에 동아리 모임에 갈 것이다.
   ④ 동우는 시간이 많아서 점심을 천천히 먹고 싶어 한다.

단어장
과제
(음식이) 나오다
정문
분식집

이야기해 봅시다

• 친구와 반말로 점심 약속을 정하십시오.

말하기 Tip

> 민지야, 점심시간인데 뭐 먹을까?
> 어느 식당에 갈까?

12과 읽기

• 다음을 보고 이야기해 보십시오.

   ?

◉ 다음 글을 읽고 물음에 답하십시오.

옛날 어느 마을에 흥부가 살았다. 가난했지만 아주 착한 사람이었다. 어느 날 흥부는 집 앞에서 다친 새를 보았다.

"많이 다쳤네. 불쌍해. 내가 치료해 줄게."

흥부는 다친 새에게 물을 주고 치료해 주었다. 한 달이 지난 후에 새가 다 나았다.

"이제 다 나았으니까 어서 네 고향으로 가."

새는 흥부에게 고마워하면서 고향으로 갔다. 다음 해 봄이 되어 그 새가 흥부의 집에 다시 찾아 왔다.

"작년에 저를 살려 주셔서 정말 고맙습니다. 제가 선물을 하나 드릴게요."

새는 작은 씨앗을 하나 주고 돌아갔다. 흥부는 씨앗을 심어서 잘 키웠다. 씨앗은 자라서 큰 박이 되었고, 그 박에서 많은 보석이 나왔다. 흥부는 그 보석으로 부자가 되어서 가난하고 힘든 사람들을 많이 도와주었다.

흥부에게는 욕심 많은 형, 놀부가 있었다. 놀부는 흥부처럼 부자가 되고 싶어서 다치지 않은 새를 잡았다. 그리고 그 새의 다리를 부러뜨린 후 치료해 주었다. 새는 놀부에게도 씨앗을 하나 주었다.

1. 다친 새가 흥부에게 무엇을 주었습니까?

---

2. 이 글의 내용과 같은 것을 고르십시오. (　　)
   ① 놀부는 다친 새를 치료해 주지 않았다.
   ② 새는 다리를 다쳐서 고향으로 돌아갔다.
   ③ 흥부는 새에게 받은 선물을 형에게 주었다.
   ④ 새는 흥부에게 고마워하면서 선물을 주었다.

단어장
- 가난하다
- 불쌍하다
- 씨앗
- 심다
- 자라다
- 박
- 보석
- 욕심
- 잡다
- 부러뜨리다

이야기해 봅시다

• '흥부와 놀부' 이야기를 정리하여 친구들과 이어서 말해 보십시오.

말하기 Tip

옛날 어느 마을에 흥부와 놀부가 살았습니다. →

◉ 반말로 일기를 써 보십시오.

월 일 요일 날씨 :

ㅅ 불규칙

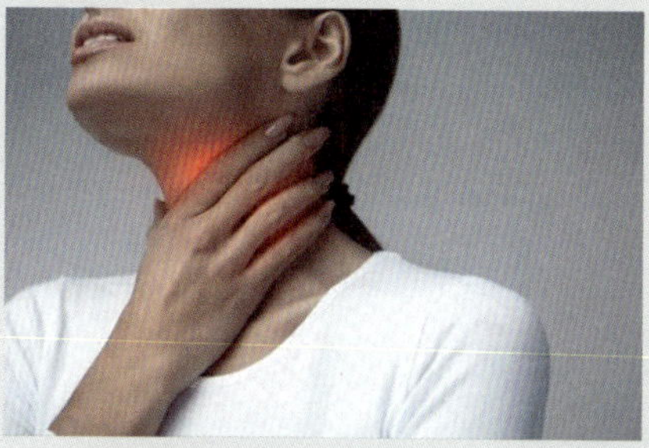	
목이 붓다	약을 짓다

ㅅ 동사 + 모음 ⇒ ㅅ 탈락

낫 + 았어요 → 나았어요	약을 먹고 감기가 나았어요.
붓 + 었어요 → 부었어요	감기에 걸려서 목이 부었어요.
짓 + 었어요 → 지었어요	약국에서 약을 지었어요.

※ 주의

씻 + 었어요 → 씻었어요	손을 씻었어요.
웃 + 으세요 → 웃으세요	울지 말고 웃으세요.

반말 인사말

안녕히 주무세요. → 잘 자.	안녕히 주무셨어요? → 잘 잤어?
안녕히 가세요. → 잘 가.	안녕히 계세요. → 잘 있어.
죄송합니다. → 미안하다. / 미안해.	감사합니다. → 고맙다. / 고마워.

13과 눈 축제에 가기로 했어.

학습목표

| **대화** 축제 참가 계획
| **듣고 말하기** 축제 소개

| **듣기** 강원도 여행
| **읽기** 제주 올레길
| **쓰기** 한국의 축제

| **문법과 표현1** -기로 하다
| **문법과 표현2** -잖아요
| **문법과 표현3** -았/었으면 좋겠다

| **어휘+**
한국의 축제

13과 대화 축제 참가 계획

37

동 우 : 이번 주말에 뭐 해?

송 영 : 아직 계획이 없는데……. 넌?

동 우 : 난 태백산 눈 축제에 가기로 했어. 부산은 눈이 잘 안 오잖아.

송 영 : 태백산? 거기가 어디야?

동 우 : 태백산은 강원도에 있어.

송 영 : 강원도? 너무 멀지 않아?

동 우 : 조금 멀지만 부산역에서 태백산 눈꽃 열차를 타면 편하게 갈 수 있어. 표도 벌써 예매했어.

송 영 : 그래? 거기 가서 뭐 할 거야?

동 우 : 눈썰매를 탈 거야. 눈이 많이 왔으면 좋겠어.

송 영 : 재미있겠다. 잘 다녀와.

이야기해 봅시다

- 다음의 내용으로 위의 **대화**처럼 친구와 대화해 보십시오.

축제 이름 / 참가 이유	지역	교통	준비
태백산 눈 축제 / 부산은 눈이 잘 안 오다	강원도	눈꽃 열차	기차표를 예매하다
진주 남강 유등 축제 / 다양한 등을 볼 수 있다	경상남도	시외버스	소망등을 예약하다
보령 머드 축제 / 머드가 피부에 좋다	충청남도	고속버스	입장권을 예매하다

단어장
- 열차
- 소망등
- 머드
- 입장권

-기로 하다

예 문

송 영 : 나는 다음 주부터 스페인어를 공부하기로 했어.
동 우 : 그래? 나는 컴퓨터 자격증 공부를 하기로 했는데…….
송 영 : 그럼 우리 이제부터 같이 도서관에서 공부할까?
동 우 : 그래. 같이 공부하자.

연 습

1. 가 : 내일부터 휴가인데 뭐 할 거예요?
   나 : ____________________
2. 가 : 토요일이 어머니 생신인데 오늘 오후에 선물 사러 갈까?
   나 : 누나, 미안해. ____________________
3. 가 : 왜 그렇게 알바를 많이 해요?
   나 : 돈을 모아서 ____________________
4. 가 : 집이 너무 더러운데 청소 좀 하는 게 어때?
   나 : 저녁에 룸메이트가 오면 ____________________

말해 봅시다

● 〈보기〉와 같이 친구들과 대화해 보십시오.

보 기

가 : 담배 피우러 나갈까?
나 : 난 오늘부터 담배를 끊기로 했어. 너도 담배 끊는 게 어때?
가 : 난 내일부터 담배 끊을 거야.
나 : 언제까지 미룰 거야?

제안	계획
담배 피우러 나가다	담배를 끊다
게임하러 PC방에 가다	운동하다
치킨 한 마리 배달시키다	야식을 안 먹다

단어장

스페인어
담배를 끊다
미루다
PC방
배달시키다
야식

-잖아요

예문

민 지 : 오늘 도서관에 사람이 왜 이렇게 많아?
왕 붕 : 다음 주부터 시험 기간이잖아.
민 지 : 그런데 너는 공부 안 하고 뭐 해?
왕 붕 : 나는 이미 다 했어. 내가 머리가 좋잖아.

연습

1. 가 : 오늘도 비가 오네요!
   나 : ______________________________

2. 가 : 왜 그렇게 돈을 많이 찾아요?
   나 : ______________________________

3. 가 : 오늘 백화점에 왜 이렇게 사람들이 많아?
   나 : ______________________________

4. 가 : 송영 씨가 요즘 정말 예뻐진 것 같아.
   나 : ______________________________

말해 봅시다

- 〈보기〉와 같이 친구들과 대화해 보십시오.

보기

가 : 왜 이렇게 술을 많이 사?
나 : 오늘 집들이하기로 했잖아.
가 : 아, 깜빡했어.
나 : 손님들 오기 전에 빨리 준비해.

상황	계획 확인
술을 많이 사다	집들이하다
수영복을 사다	수영을 배우다
청소를 열심히 하다	부모님이 오시다

단어장
집들이
깜빡하다

-았/었으면 좋겠다

※ -(으)면 좋겠다

예 문

안 나 : 제임스 씨, 기침을 많이 하네요.
제임스 : 평소에 담배를 많이 피워서 기침이 자주 나요.
안 나 : 제임스 씨가 담배를 끊었으면 좋겠어요.
제임스 : 저도 끊고 싶은데 힘드네요.

연 습

1. 가 : 생일에 무슨 선물을 받고 싶어요?
   나 : ______________________________

2. 가 : 돈을 많이 벌면 뭘 하고 싶어요?
   나 : ______________________________

3. 가 : 어떤 집에서 살고 싶어요?
   나 : ______________________________

4. 가 : 결혼할 사람이 어떤 사람이면 좋겠어요?
   나 : ______________________________

단어장
돈을 벌다

말해 봅시다

- 〈보기〉와 같이 친구들과 대화해 보십시오.

보 기

가 : 어떤 사람을 만나고 싶어요? 그 사람이 어땠으면 좋겠어요?
(외모, 직업, 성격 등)
나 : 동물을 좋아했으면 좋겠어요.

38

여기는 눈 축제가 열리고 있는 태백산 국립공원입니다. 축제는 지난달 19일부터 시작되었습니다. 태백역에서 축제 장소까지 셔틀버스를 운행하고 있습니다. 지금까지 벌써 100만 명이 넘는 분들이 다녀가셨습니다.

지금 이곳은 눈이 많이 내려서 눈의 나라로 변했습니다. 특히 다양한 눈 조각품이 방문객들의 눈길을 끌고 있습니다. 그리고 대형 눈썰매가 있어서 아이와 함께 온 가족들이 즐거운 시간을 보내고 있습니다. 이글루카페도 방문객들이 많이 찾고 있습니다. 남은 축제 기간 동안 더 많은 관광객이 방문할 것 같습니다. 앞으로 이 축제가 세계적인 겨울 축제가 되기를 바랍니다. 태백산 눈 축제 행사장에서 PNU 뉴스 김태현입니다.

단어장

축제가 열리다
셔틀버스
운행하다
넘다
다녀가다
눈조각품
대형
방문객
남다
방문하다
눈길을 끌다
이글루
특징
퍼레이드
관람하다

이야기해 봅시다

- 여러분이 기자가 되어서 다음 축제를 소개해 보십시오.

축제이름	부산 불꽃 축제
시기	매년 10월 넷째 주
장소	광안리 해수욕장
특징	• 아름다운 불꽃을 감상할 수 있다. • K-POP 공연을 볼 수 있다. • 거리 퍼레이드를 볼 수 있다. • 불꽃 음악회를 관람할 수 있다.

13과 듣기

• 다음을 보고 이야기해 보십시오.

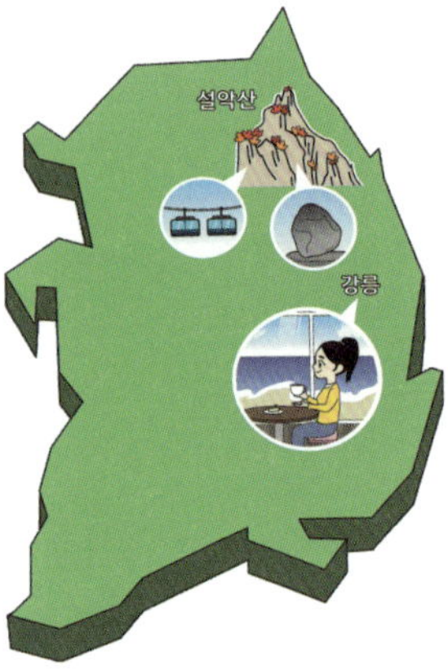

◉ 다음을 듣고 물음에 답하십시오. 🎧 39

1. 민지 씨는 무슨 계절에 설악산을 여행했습니까?

____

2. 들은 내용과 <u>다른</u> 것을 고르십시오. (　　)
   ① 민지는 설악산에 가서 케이블카를 탔다.
   ② 강릉 커피 축제에서 여러 체험을 할 수 있다.
   ③ 강릉에 맛있는 커피를 마실 수 있는 곳이 있다.
   ④ 왕붕은 커피를 좋아해서 커피 축제에 참가했다.

단어장
사장
꿈
관련되다

이야기해 봅시다

• 가고 싶은 여행지에 대해서 친구와 대화해 보십시오.

말하기 Tip

왕붕 씨, 어디에 여행을 가고 싶어요?
그곳에서 무엇을 하고 싶어요?

• 다음을 보고 이야기해 보십시오.

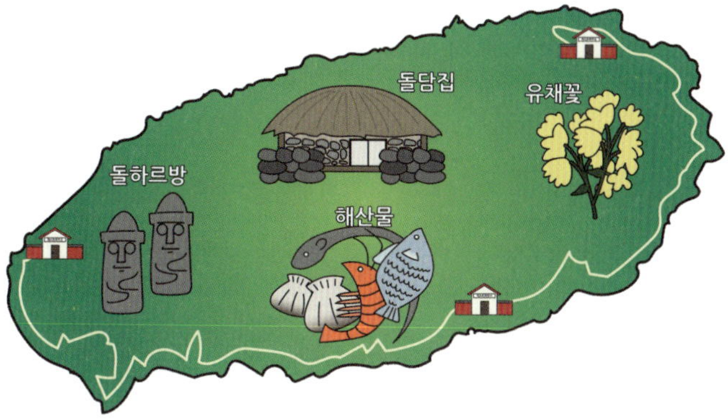

◉ 다음 글을 읽고 물음에 답하십시오.

(“ ”)

제주도에는 ‘올레길’이 있습니다. 올레는 제주도 말로 좁은 골목을 뜻합니다. 올레길은 아름다운 길입니다. 차도 없고 자전거와 오토바이도 다니지 않아서 조용합니다. 그리고 바람소리를 들으면서 길 옆의 꽃과 나무를 볼 수 있습니다. 혼자 온 사람들도 길에서 만난 사람들과 친구가 될 수 있습니다. 곳곳에 게스트하우스가 있어서 피로를 풀기도 쉽습니다. 그리고 제주도의 해산물을 이용한 요리도 맛볼 수 있습니다. 11월에는 제주 올레 걷기 축제가 열립니다. 올레길을 걸으며 천천히 제주도의 또 다른 매력을 느껴 보십시오. 아름다운 올레길이 여러분을 기다리고 있습니다.

1. 이 글의 제목으로 알맞은 것을 고르십시오. ( )
   ① 아름다운 올레길로 오세요.
   ② 자전거로 올레길을 달려 보세요.
   ③ 예쁜 꽃을 보러 제주도로 오세요.
   ④ 피로를 풀고 싶으면 제주도로 오세요.

2. 이 글의 내용과 같은 것을 고르십시오. ( )
   ① 올레길은 혼자 걸어야 합니다.
   ② 올레길 근처에는 쉴 데가 없습니다.
   ③ 올레길에서 오토바이를 탈 수 있습니다.
   ④ 올레길에서 사람들을 사귈 수 있습니다.

단어장
골목
뜻하다
곳곳에
게스트하우스
맛보다
매력

이야기해 봅시다

• 올레길에 대해서 친구와 대화해 보십시오.

말하기 Tip

꾸언 씨는 누구와 올레길을 걸었으면 좋겠어요?
걸으면서 무엇을 하고 싶어요?

13과 쓰기

◉ 여러분은 소개하고 싶은 한국의 축제가 있습니까? 써 보십시오.

처음	축제이름, 소개하는 이유	
	축제 시기, 축제 장소	
가운데	특징	
끝	마무리	

▶ 위의 글을 원고지에 써 보십시오.

한국의 축제

유등 축제

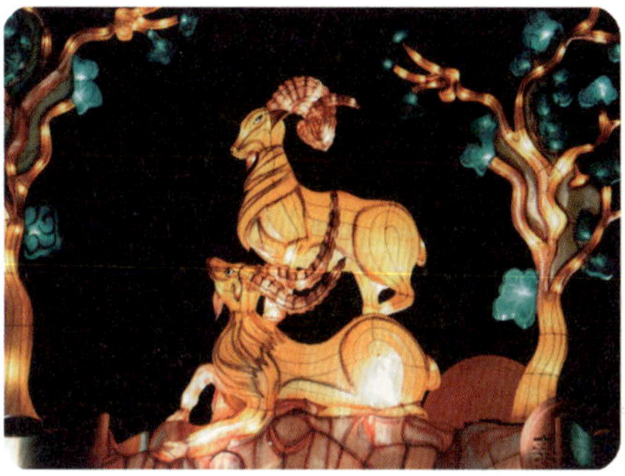

축제이름	진주 남강 유등 축제
시기	매년 10월 첫째 주
장소	진주 남강
특징	• 유등을 만들 수 있다. • 소망등을 달 수 있다. • 유람선을 탈 수 있다.

머드 축제

축제이름	보령 머드 축제
시기	매년 7월 셋째 주
장소	대천 해수욕장
특징	• 갯벌 체험을 할 수 있다. • 피부에 좋은 머드를 바를 수 있다. • 머드 분장 대회에 참여할 수 있다.

벚꽃 축제

축제이름	진해 군항제
시기	매년 4월 1일
장소	창원시 진해구
특징	• 야시장을 구경할 수 있다. • 해상 불꽃쇼를 볼 수 있다. • 해군 음악회를 관람할 수 있다.

14과 밀면을 먹을까 해요.

학습목표

| **대화** 음식 주문하기
| **듣고 말하기** 배달 문화

| **듣기** 배달 음식 주문
| **읽기** 인터넷 서점
| **쓰기** 인터넷 주문 경험

| **문법과 표현1** –(으)ㄹ까 하다
| **문법과 표현2** –(이)라도
| **문법과 표현3** 만에

| **어휘+**
양념 및 맛

14과 대화 음식 주문하기

40

종업원 : 어서 오세요. 이쪽으로 앉으세요.

제임스 : 안나 씨, 뭐 먹을까요?

안 나 : 더우니까 저는 밀면을 먹을까 해요.

제임스 : 그래요? 저는 감기에 걸려서 따뜻한 음식을 먹고 싶네요.
저는 만둣국을 먹을게요.

안 나 : 저기요, 주문 좀 받아 주세요.

종업원 : 네. 뭐 드시겠어요?

제임스 : 밀면 하나하고 만둣국 하나 주세요.

종업원 : 밀면 하나하고 만둣국 하나요. 더 필요한 것은 없으세요?

안 나 : 사이다 한 병 주세요.

종업원 : 죄송합니다. 사이다는 없습니다.

안 나 : 그러면 시원한 물이라도 주세요.

종업원 : 네. 알겠습니다.

단어장

주문을 받다

이야기해 봅시다

- 다음의 내용으로 위의 **대화**처럼 친구와 대화해 보십시오.

주문 음식	더 필요한 것
밀면 / 만둣국	사이다 / 시원한 물
짬뽕 / 탕수육	막걸리 / 소주
크림스파게티 / 토마토스파게티	물수건 / 휴지

-(으)ㄹ까 하다

예 문

왕 붕 : 혼자 사니까 외식을 너무 자주 하는 것 같아.
민 지 : 그래? 외식을 자주 하면 건강에 안 좋아.
왕 붕 : 맞아. 그래서 이제부터는 집에서 음식을 만들어 볼까 해.
민 지 : 좋은 생각이야.

연 습

1. 가 : 유학을 마치고 귀국하면 뭐 할 거야?
   나 : ____________________
2. 가 : 도자기 만들기 체험에서 무엇을 만들 거예요?
   나 : ____________________
3. 가 : 내일 소개팅에 무슨 옷을 입고 나갈 거야?
   나 : ____________________
4. 가 : 송별회에 너는 무슨 선물을 준비할 거야?
   나 : ____________________

말해 봅시다

• 〈보기〉와 같이 친구들과 대화해 보십시오.

보 기

가 : 시험이 끝나면 뭐 할 거예요?
나 : 시간이 있으니까 제주도에 가 볼까 해요.
가 : 좋겠어요.

상황	계획
시험이 끝나다	제주도에 가 보다
2급을 수료하다	아르바이트를 해 보다
이번 주말에 친구를 만나다	친구 차를 타고 경주에 다녀오다

단어장
외식을 하다
도자기
소개팅
수료하다

–(이)라도

예 문

동 우 : 엄마, 배가 너무 고픈데 밥 있어요?
엄 마 : 지금 저녁 준비 중인데 조금만 기다려라.
동 우 : 배가 너무 고픈데…….
엄 마 : 그럼, 빵이라도 먹어.

연 습

1. 가 : 너무 더운데 냉장고에 수박 있어?
   나 : 수박은 없는데 ______________________
2. 가 : 지갑을 안 가지고 왔는데 만 원만 빌려 주시겠어요?
   나 : 만 원은 없는데 ______________________ 빌려 드릴까요?
3. 가 : 오늘 등산가기로 했는데 등산화를 못 샀어.
   나 : 그래? 그럼, ______________________
4. 가 : 저는 휴일에 하루 종일 잠만 자요.
   나 : 그러지 말고 ______________________

말해 봅시다

- 〈보기〉와 같이 친구들과 대화해 보십시오.

보 기

가 : 시험공부 많이 했어요?
나 : 아니요. 어제 아르바이트 때문에 하나도 못 했어요.
가 : 그럼 책에 있는 단어라도 외우세요.

상황	이유	차선
시험공부를 하다	아르바이트	책에 있는 단어를 외우다
민지 씨 생일 선물을 준비하다	잊어버리다	편지를 쓰다
아침을 먹고 오다	늦잠을 자다	우유를 마시다

단어장
외우다
잊어버리다

만에

예 문

제임스 : 안나 씨, 이번에 얼마 만에 고향에 가요?
안　나 : 오 년 만에 고향에 가요.
제임스 : 와, 정말 오랜만에 가네요.
안　나 : 네. 그래서 며칠 전부터 설레서 잠이 안 와요.

연 습

1. 1시에 부산에서 출발했어요. 3시 50분에 서울에 도착했어요.

   부산에서 출발한 지 ______________________________ 서울에 도착했어요.

2. 2월 1일에 친구와 영화를 봤는데 2월 8일에 친구와 또 영화를 봤어요.

   영화를 본 지 ____

3. 작년 3월에 한국에 왔고 올해 3월에 대학교에 입학했어요.

   ____

4. 올해 1월에 여자 친구를 만나서 올해 3월에 여자 친구와 결혼했어요.

   ____

말해 봅시다

- 〈보기〉와 같이 친구들과 대화해 보십시오.

보 기

가 : 기무라 씨, 여행을 벌써 다녀왔어요?
나 : 아, 여행을 갔다가 급한 일이 생겨서 이틀 만에 돌아왔어요.
가 : 그랬군요.

상황	이유	기간
여행을 다녀오다	급한 일이 생기다	이틀
과제를 다 완성하다	한번 해 본 과제이다	30분
아르바이트를 그만두다	몸이 안 좋아지다	일주일

단어장
설레다
그만두다
완성하다

14과 듣고 말하기 배달 문화

41

많은 한국 사람들이 집에서 인터넷이나 전화로 물건을 주문한다. 특히 음식을 많이 주문해서 먹는다. 나는 한국에 처음 왔을 때 집에서 편하게 음식을 주문해서 먹는 것을 보고 신기했다. 우리나라에서는 음식을 배달해 주는 곳이 많이 없기 때문이다. 하지만 한국에서는 아이스크림, 감자탕 같은 배달하기 힘든 음식도 집에서 쉽게 주문해서 먹을 수 있다. 늦은 밤에도 주문할 수 있고 바다에서 수영을 하다가, 산에서 등산을 하다가도 시켜 먹을 수 있다. 그리고 1인분을 배달해 주는 곳도 있다. 한국에 오면 식당에 가는 것도 좋지만 편하게 배달시켜서 먹는 것도 좋은 경험이 될 것이다.

단어장

신기하다
1인분

이야기해 봅시다

- 여러분은 한국에서 음식을 배달시켜 먹어 본 적이 있습니까?

- 다음을 보고 이야기해 보십시오.

◉ 다음을 듣고 물음에 답하십시오. 🎧 42

1. 손님이 무엇을 주문했습니까?

____

2. 들은 내용과 같은 것을 고르십시오. (　　)
   ① 여자는 음료수를 주문하지 않았다.
   ② 이 가게는 카드로 결제하기 어렵다.
   ③ 여자는 치킨 집에 가서 주문하고 있다.
   ④ 이 가게는 주문이 많아서 빨리 갖다 줄 수 없다.

이야기해 봅시다

- 다음 광고지를 보고 전화로 주문하는 대화를 해 보십시오.

단어장
주문이 밀리다
결제하다

14과 읽기

• 다음을 보고 이야기해 보십시오.

◉ 다음 글을 읽고 물음에 답하십시오.

예전에는 책을 사려면 서점에 직접 가야 했다. 그런데 요즘에는 인터넷으로 책을 구입하는 사람들이 많아졌다. 인터넷 서점에서는 내가 원하는 책을 빠르고 쉽게 찾을 수 있기 때문이다. 그리고 보통 직접 서점에 가서 사는 것보다 가격이 싸다. 주문한 지 하루 만에 배달해 주는 곳도 있고 배송료도 없다.

인터넷으로 책을 주문하려면 먼저 인터넷 서점 사이트에 들어가 책을 고른다. 책을 다 찾았으면 장바구니에 넣고 주문을 한다. 그런 다음 결제를 한다. 결제는 신용카드나 계좌이체 등으로 할 수 있다.

1. 이 글에 없는 내용은 무엇입니까? (　　)
   ① 인터넷으로 책을 구입하는 이유　② 일반 서점과 인터넷 서점의 차이점
   ③ 인터넷으로 책을 주문하는 방법　④ 인터넷으로 좋은 책을 고르는 방법

2. 이 글의 내용과 같은 것을 고르십시오. (　　)
   ① 서점에 직접 가면 책을 더 싸게 살 수 있다.
   ② 신용카드가 없으면 인터넷으로 책을 주문할 수 없다.
   ③ 인터넷으로 책을 주문할 때에는 배송료도 함께 결제해야 한다.
   ④ 인터넷 서점에서 책을 쉽게 찾을 수 있어서 사람들이 많이 이용한다.

단어장

예전
구입하다
원하다
배송료
사이트
고르다
계좌이체

이야기해 봅시다

• 인터넷으로 물건을 주문해 본 경험을 친구와 대화해 보십시오.

말하기 Tip

기무라 씨, 인터넷으로 무엇을 주문해 봤어요?
왜 인터넷으로 주문했어요?
인터넷으로 주문했을 때 뭐가 안 좋았어요?

14과 쓰기

◉ 여러분은 인터넷으로 물건을 주문해 본 경험이 있습니까? 다음의 내용을 모두 써 보십시오.

① 무엇을 주문했습니까?

② 왜 인터넷으로 주문했습니까?

③ 인터넷으로 주문을 했을 때 단점은 무엇이었습니까?

14과 어휘+

양념 및 맛

① 양념

소금	설탕	고추장	된장

고춧가루	식초	간장	후추

② 맛

달다	짜다	맵다

시다	쓰다	싱겁다

15과 아이스크림을 먹고 모르는 척해요.

학습목표

| 대화 모르는 척하기
| 듣고 말하기 생일 축하

| 듣기 택배 심부름
| 읽기 두 친구
| 쓰기 기억에 남는 생일

| 문법과 표현1 –는 척하다
| 문법과 표현2 –자마자
| 문법과 표현3 –아/어 버리다

| 어휘+
생일 축하 노래

대화 모르는 척하기

43

민 지 : 날씨 진짜 덥네. 아이스크림이라도 먹어야겠다.
어? 아이스크림이 어디 갔지? 오빠, 내 아이스크림 못 봤어?

민 승 : 글쎄, 모르겠는데…….

민 지 : 어제 냉장고 안에 넣어 두었는데 없어.

민 승 : 그래? 다시 잘 찾아 봐.

민 지 : 진짜 없어. 오빠가 먹어 버리고 모르는 척하는 거지?

민 승 : 아니야. 난 모르는 일이야.

민 지 : 이상하네. 분명히 냉동실에 넣어 뒀는데…….

민 승 : 그렇게 먹고 싶으면 오빠가 사 줄게.
내가 돈 줄 테니까 네가 가서 사 와.

민 지 : 고마워. 오빠. 근데 진짜 안 먹은 거 맞지?

이야기해 봅시다

- 다음의 내용으로 위의 **대화**처럼 친구와 대화해 보십시오.

하고 싶은 일	장소	상황
날씨가 덥다 / 아이스크림이라도 먹다	냉장고 안에 넣어 두다	먹어 버리고 모르는 척하다
배가 고프다 / 빵이라도 먹다	식탁 위에 놓아 두다	먹어 버리고 안 먹은 척하다
심심하다 / 잡지라도 보다	책상 서랍 안에 넣어 두다	잃어버리고 모르는 척하다

단어장
분명히
냉동실
잡지
서랍

-는 척하다

예 문

제임스 : 어제 생일이었잖아요? 미역국은 먹었어요?
안 나 : 네. 남편이 끓여줘서 먹었어요.
제임스 : 그래요? 맛있었어요?
안 나 : 사실 맛은 없었는데 맛있는 척했어요.

연 습

1. 가 : 요즘 많이 피곤해요? 버스에서 자는 것을 봤어요.
   나 : 아니에요. 저와 사이가 나쁜 친구가 버스에 타서 ____________________
2. 가 : 머리가 많이 아파요? 약은 먹었어요?
   나 : 아니에요. 사실은 집에 일찍 가고 싶어서 ____________________
3. 가 : 왜 그 남자를 싫어해요?
   나 : 그 남자는 결혼을 했지만 ____________________
4. 가 : 동우 씨가 영어를 잘하는 것 같아요.
   나 : 아니에요. 잘 못하는데 ____________________

말해 봅시다

- 〈보기〉와 같이 친구들과 대화해 보십시오.

보 기

가 : 친구가 만든 음식이 맛이 없으면 어떻게 해요?
나 : 배가 부른 척해요.

상황
친구가 만든 음식이 맛이 없다
좋아하는 남자와 밥을 먹다
여자 / 남자 친구와 함께 공포 영화를 보다
마음에 안 드는 사람이 자꾸 전화번호를 물어보다

단어장
사이가 나쁘다
배가 부르다
자꾸

-자마자

예문

동 우 : 어제 왜 전화 안 받았어요?
기무라 : 너무 피곤해서 침대에 눕자마자 잤어요.
그런데 왜 전화했어요?
동 우 : 같이 농구하고 싶어서 저녁 먹자마자 전화했어요.
기무라 : 그럼 오늘 할까요?

연습

1. 가 : 부모님께 연락했어요?
   나 : 네. 비행기에서 ________________
2. 가 : 해운대에 가 봤어요?
   나 : 해운대가 유명해서 부산에 ________________
3. 가 : 아이가 언제 토했습니까?
   나 : 우유를 ________________
4. 가 : 제임스 씨는 어디 갔어요?
   나 : 민지 씨 전화를 ________________

말해 봅시다

• 〈보기〉와 같이 친구들과 대화해 보십시오.

보기

가 : 밥을 먹자마자 뭐 했어요? / 뭐 해요? / 뭐 할 거예요?
나 : 밥을 먹자마자 이를 닦았어요. / 이를 닦아요. / 이를 닦을 거예요.

상황
밥을 먹다
고향에 가다
수업이 끝나다
아침에 일어나다

단어장
눕다

-아/어 버리다

※ 잊어버리다, 잃어버리다

예 문

왕 붕 : 왜 화가 났어요?
민 지 : 오빠가 내 초콜릿을 다 먹어 버렸어요.
왕 붕 : 또 사면 되잖아요?
민 지 : 친구가 외국에서 사 온 초콜릿이라서 살 수가 없어요.

연 습

1. 가 : 냉장고 안에 주스가 있었는데 못 봤어요?

   나 : 어! 제가 조금 전에 ______________________. 미안해요.

2. 가 : 우리 머드 축제에 갈까? 내가 표 예매할게.

   나 : 안 돼. 용돈을 ______________________ 갈 수 없어.

3. 가 : 치과에 다녀왔어요?

   나 : 네. 이가 많이 썩어서 ______________________

4. 가 : 이상하다. 방이 넓어 보이네.

   나 : 며칠 전에 안 쓰는 물건을 ______________________

말해 봅시다

- 〈보기〉와 같이 친구들과 대화해 보십시오.

보 기

가 : 민지 씨, 무엇을 잊어버린 적이 있어요?
나 : 네. 너무 바빠서 어머니 생신을 잊어버린 적이 있어요.
가 : 그래서 어떻게 했어요?

가 : 소피아 씨, 무엇을 잃어버린 적이 있어요?
나 : 네. 백화점에서 옷을 구경하다가 휴대폰을 잃어버린 적이 있어요.
가 : 그래서 어떻게 했어요?

단어장
이가 썩다

44

9월 4일 금요일 날씨: 맑음

오늘은 한국에서 처음 맞는 생일이었다. 아침에 고향에 있는 가족들에게 축하 전화를 받았다. 나는 너무 행복했다. 그런데 한국에 있는 친구들은 아무도 내 생일을 모르는 것 같았다. 점심에 혼자 식당에서 밥을 먹을 때 조금 외로웠다. 나는 기분이 안 좋아서 일찍 집에 가서 쉬고 싶었다. 그런데 친구들과 같이 보고서를 준비해야 해서 학교 앞 커피숍에 갔다. 내가 커피숍에 들어가자마자 친구들이 생일 축하 노래를 부르고 선물을 주었다. 친구들은 내 생일 파티를 위해 모르는 척한 것이었다. 나는 친구들이 너무 고마웠다. 그리고 친구들이 쓴 축하 카드를 보고 감동해서 울어 버렸다.

단어장
- 생일을 맞다
- 아무도
- 외롭다
- 보고서
- 축하 카드
- 감동하다

이야기해 봅시다

- 기억에 남는 생일이 있습니까?

15과 듣기

• 다음을 보고 이야기해 보십시오.

◉ 다음을 듣고 물음에 답하십시오. 🎧 45

1. 민승이 경비실에서 가져온 것은 무엇입니까?

____

2. 들은 내용과 같은 것을 고르십시오. (　　)
   ① 민지는 민승이 자는 척하는 것을 몰랐다.
   ② 민승은 경비실에 가기 싫어서 자는 척했다.
   ③ 민지는 택배 때문에 할머니에게 전화를 받았다.
   ④ 민승이 안 일어나서 민지가 택배를 받으러 갔다.

단어장

경비실
택배
금방

이야기해 봅시다

• 하기 싫은 일에 대해서 친구와 대화해 보십시오.

말하기 Tip

소피아 씨는 무슨 일이 하기 싫어요? / 귀찮아요?
그럴 때는 어떻게 해요?

• 다음을 보고 이야기해 보십시오.

◉ 다음 글을 읽고 물음에 답하십시오.

두 친구가 함께 여행을 갔다. 두 친구는 여행을 떠나기 전에 이렇게 말했다.

"너와 나는 진짜 친구니까 항상 서로 돕자."

두 사람이 산길을 가고 있을 때였다. 숲 속 나무 사이로 큰 곰 한 마리가 나타났다. 두 사람을 본 곰은 으르렁거리면서 달려왔다.

"아이쿠, 큰일났네!"

한 친구는 곰을 보자마자 혼자서 나무 위로 올라가서 숨어 버렸다. 그런데 다른 친구는 도망갈 수 없어서 땅바닥에 누워 버렸다. 그리고 죽은 척했다. 곰은 죽은 것을 먹지 않기 때문이다. 곰은 죽은 척하는 친구의 냄새를 맡고 그 주변을 왔다갔다하다가 가 버렸다. 곰이 사라지자마자 나무 위에서 내려온 친구가 말했다.

"살아서 다행이다."

죽은 척한 친구도 일어났다. 나무 위에 숨은 친구가 말했다.

"나무 위에서 봤는데 곰이 무슨 말을 하는 것 같았어. 뭐라고 했어?"

죽은 척한 친구는 말했다.

"곰이 '위험할 때 혼자 도망가는 친구하고 같이 여행하지 마.'라고 했어."

1. 곰이 나타나자마자 두 친구는 어떻게 했습니까?

한 친구	
다른 친구	

2. 이 글의 내용과 같은 것을 고르십시오. (　　)

① 곰은 나무 위에 올라 간 친구에게 말을 걸었다.
② 두 친구는 여행을 가기 전에 서로 돕기로 약속했다.
③ 한 친구는 다른 친구가 나무에 올라가는 것을 도왔다.
④ 곰이 나타나자마자 두 친구는 죽은 척해서 살 수 있었다.

단어장
떠나다
서로
으르렁거리다
큰일나다
숨다
도망가다
땅바닥
죽다
냄새를 맡다
주변
사라지다
다행
말을 걸다
살다

이야기해 봅시다

• 진짜 친구는 어떤 친구인지 친구와 대화해 보십시오.

15과 쓰기

◉ 여러분은 기억에 남는 생일이 있습니까? 써 보십시오.

처음	생일	
	생일에 초대한 사람	
	생일 파티 장소	
가운데	받은 선물과 그 때의 기분	
	생일에 한 일	
끝	다음 생일에 하고 싶은 일	

▶ 위의 글을 원고지에 써 보십시오.

"♪ 생일 축하 노래 ♫"

♪ 생일 축하해. 이말 밖엔~ ♫

♪ 당신은 사랑 받기 위해 태어난 사람~ ♫

♪ 겨울에 태어난 사랑스런 당신은~ ♫

♪ 사랑하는 사람들 모두 모여서 당신의 기쁜 날을~ ♫

♪ 이슬비가 내리는 오늘은 사랑하는 그대의 생일날~ ♫

16과 저하고 집 보러 갈래요?

학습목표

| **대화** 이사 계획 말하기
| **듣고 말하기** 집의 장점과 단점

| **듣기** 살고 있는 집의 문제점
| **읽기** 집 구할 때 살펴야 할 점
| **쓰기** 앞으로 살고 싶은 집

| **문법과 표현1** -(으)니까 (2)
| **문법과 표현2** 밖에
| **문법과 표현3** -(으)ㄹ래요

| **어휘+**
집

대화 이사 계획 말하기

46

송 영 : 동우 씨는 어디에서 살아요?
동 우 : 저는 학교 근처에 있는 원룸에서 살아요.
송 영 : 그 원룸은 어떻게 찾았어요?
동 우 : 학교 홈페이지에서 찾았어요.
송 영 : 그래요? 사실은 제가 지금 주택에 살고 있는데 이사를 하려고 해요. 그래서 집을 구하고 있어요.
동 우 : 어떤 집을 찾고 있어요?
송 영 : 싸고 깨끗했으면 좋겠어요.
동 우 : 봐 둔 집이 있어요?
송 영 : 아니요. 요즘 과제 때문에 바빠서 집 보러 다닐 시간이 없어요. 밥 먹을 시간도 없어요.
동 우 : 너무 무리하지 마세요. 과제 끝나고 천천히 찾아보세요.
송 영 : 네. 그래야겠어요.

단어장
- 원룸
- 홈페이지
- (집을) 구하다
- 무리하다
- 주택
- 부동산 중개 사무소

이야기해 봅시다

- 다음의 내용으로 위의 **대화**처럼 친구와 대화해 보십시오.

집 종류	집을 구한 방법	살고 싶은 집	바쁜 상황
원룸	부산대학교 홈페이지에서 찾다	싸고 깨끗하다	밥 먹을 시간
주택	부동산 중개 사무소에서 소개받다	넓고 밝다	잠 잘 시간
기숙사	학교에 전화해 보다	조용하고 전망이 좋다	화장실에 갈 시간

–(으)니까 (2)

예문

왕 붕 : 잃어버린 휴대폰은 찾았어?
송 영 : 응. 오늘 아침에 찾았어.
왕 붕 : 어떻게 찾았어?
송 영 : 강아지집 안을 찾아보니까 거기 있었어.

연습

1. 가 : 왜 아직 안 자?
   나 : 아까는 잠이 왔는데 침대에 ____________________ 잠이 안 오네.

2. 가 : 왜 이렇게 늦게 왔어요? 오늘도 늦잠 잤어요?
   나 : 미안해요. ____________________ 10시였어요.

3. 가 : 일요일 저녁으로 식당 예약했어요?
   나 : 아니요. 못했어요. ____________________ 자리가 없었어요.

4. 가 : 지갑 잃어버린 것을 언제 알았어요?
   나 : 지하철에서 내려서 ____________________ 없었어요.

말해 봅시다

• 〈보기〉와 같이 친구들과 대화해 보십시오.

보기

가 : 찜질방에 안 갔어?
나: 아니. 갔다 왔어.
가 : 그런데 왜 이렇게 빨리 왔어?
나 : 가니까 공사 중이었어. 그래서 그냥 왔어.

상황
찜질방에 갔는데 공사 중이라서 그냥 왔다.
새 옷을 사서 입었는데 너무 작아서 동생에게 줬다.
치킨을 주문해서 먹었는데 맛이 없어서 남겼다.

단어장
아까
늦잠
남기다

밖에

예 문

꾸 언 : 우리 오랜만에 고깃집에 가는 거 어때?
민 지 : 나는 고기를 싫어해. 채소밖에 안 먹잖아.
꾸 언 : 그럼, 뷔페에 가는 게 어때?
민 지 : 그래. 그러자.

연 습

1. 가 : 제임스 씨, 내일 월급 받으면 줄 테니까 십만 원만 빌려 주세요.
   나 : 미안해요. 지금 ____________________
2. 가 : 부산에 산 지 오래 되었어요?
   나 : 아니요. ____________________
3. 가 : 난 그 사람이 너무 싫어요. 자기만 알아요. 자기 생각만 해요.
   나 : 맞아요. 그 사람은 ____________________
4. 가 : 그 옷을 새로 샀어요?
   나 : 아니요. 이 옷은 여자 친구가 직접 만든 옷이에요.
   그래서 세상에 ____________________

말해 봅시다

- 〈보기〉와 같이 친구들과 대화해 보십시오.

보 기

가 : 고향에 자주 갔어요?
나 : 아니요. 시간이 없어서 한 번밖에 못 갔어요.
가 : 고향 생각이 많이 나겠네요.

질문	대답	느낌
고향에 자주 가다	시간이 없다 / 한 번	고향 생각이 많이 나다
아침밥을 많이 먹다	늦게 일어나다 / 조금	배가 많이 고프다
어제 푹 자다	숙제가 많다 / 세 시간	많이 피곤하다

단어장
고깃집
뷔페

-(으)ㄹ래요

예 문

민 지 : 기무라 씨는 뭐 먹을래요?
기무라 : 저는 비빔밥요. 민지 씨는요?
민 지 : 전 김치찌개 먹을래요.

송 영 : 동우야, 운동하러 같이 갈까?
동 우 : 좋아. 같이 가자.
송 영 : 민지야, 너도 같이 갈래?
민 지 : 다른 약속이 있어. 난 다음에 갈게.

연 습

1. 가 : 오랜만에 놀이 공원에 왔으니까 나는 바이킹부터 탈거야. 너는 ________
   나 : 난 바이킹은 무서우니까 ________________
2. 가 : 배가 너무 고파. 빵을 먹을 건데 너도 ________________
   나 : 아니. 난 아침밥을 많이 먹어서 ________________
3. 가 : 늦었는데 우리 택시를 ________________
   나 : 길이 막힐 것 같은데 택시 말고 지하철을 탑시다.
4. 가 : 오늘부터 백화점에서 할인을 해요. ________________
   나 : 좋아요. 지갑을 잃어버려서 사려고 했는데 잘 됐네요.

말해 봅시다

● 〈보기〉와 같이 친구들과 대화해 보십시오.

보 기

가 : 동우 씨, 주말에 같이 등산 갈래요?
나 : 좋아요. 그럼 금정산에 갑시다. 기무라 씨도 같이 갈래요?
다 : 저는 무릎이 안 좋아요. 집에서 쉴래요.

제안	거절
주말 / 등산 가다 / 금정산	무릎이 안 좋다 / 집에서 쉬다
수업 후 / 술을 마시러 가다 / 술집	시험이 있다 / 도서관에 가다
내일 / 민지 씨 이사를 돕다 / 민지 씨 집	민지 씨와 말다툼을 했다 / 안 가다

단어장
무릎

47

송　영 : 꾸언, 오늘 집을 보러 가는데 같이 가 줄래?
지난번에 부동산 아저씨와 가 봤는데 한 번 더 가 보려고.

꾸　언 : 좋아. 같이 가. 그런데 왜 이사하려고 해?

송　영 : 지금 주택에서 살고 있는데 교통이 좀 불편해. 마을버스밖에 안 다녀.

꾸　언 : 그래? 오늘 보러 가는 집은 어디에 있어?

송　영 : 언어교육원에서 왼쪽으로 10m쯤 가면 있어.

꾸　언 : 학교에서 가까워서 다니기 편하겠네. 그 집도 주택이야?

송　영 : 아니. 이번엔 원룸으로 이사 가려고.

꾸　언 : 그 집은 마음에 들어?

송　영 : 지난번에 갔을 때 보니까 깨끗하고 조용해 보였어.
그런데 월세가 좀 비싼 것 같아서 고민이야.

꾸　언 : 그렇구나. 그럼, 같이 가서 한번 보자.

송　영 : 고마워.

단어장
마을버스
월세
고민
고시텔
욕실
전세

이야기해 봅시다

● 여러분이 이사를 가려고 합니다. 친구와 지금 살고 있는 집과 이사 갈 집의 장단점에 대해 대화해 보십시오.

지금 살고 있는 집		이사 갈 집		
집 종류	단점	집 종류	장점	단점
주택	화장실이 좁다	원룸	깨끗하고 방이 넓다	수납공간이 적다
고시텔	욕실이 없다	아파트	방이 넓고 안전하다	전세가 비싸다

• 다음을 보고 이야기해 보십시오.

◉ 다음을 듣고 물음에 답하십시오. 48

1. 남자는 왜 집주인에게 전화를 했습니까?

____

2. 들은 내용과 다른 것을 고르십시오. (　　)
   ① 남자는 어제 이 집으로 이사를 왔다.
   ② 남자의 집 보일러가 잘 작동되지 않는다.
   ③ 남자는 어제 따뜻한 물로 샤워하지 못했다.
   ④ 수리기사와 집주인이 함께 남자 집을 방문할 것이다.

단어장
- 난방
- 살피다
- (수리기사를) 부르다
- 작동되다
- 해결하다

이야기해 봅시다

• 집에 문제가 있습니다. 어떻게 해결하겠습니까?
집주인과 전화하는 짝 활동을 해 보십시오.

16과 읽기

• 어떤 집에 이사를 가고 싶습니까? 다음을 보고 이야기해 보십시오.

◉ 다음 글을 읽고 물음에 답하십시오.

지금 살고 계신 집이 마음에 드십니까? 혹시 이사를 계획하고 계십니까?

오늘은 ______________________________에 대해 말씀드리겠습니다.

먼저, 주방이나 욕실 등 물을 사용하는 곳을 잘 확인해야 합니다. 설거지를 하다가 물이 잘 안 나오거나 화장실 변기에 물이 잘 내려가지 않으면 불편하기 때문입니다.

다음은 집에 햇빛이 잘 들어와서 밝아야 합니다. 창문이 크고 많으면 좋습니다. 햇빛이 잘 들어오면 전기를 아낄 수 있습니다. 그러면 전기 요금도 적게 나오고 겨울에 난방비도 조금 나옵니다.

마지막으로 집 주변을 보는 것도 잊지 말아야 합니다. 집 근처에 병원이나 은행이 있으면 급한 일이 생겼을 때 편리하게 이용할 수 있습니다. 그리고 지하철역이나 버스 정류장이 가까우면 외출할 때 편리합니다.

1. 밑줄에 들어 갈 말을 고르십시오. (　　)
   ① 집을 구할 때 살펴야 할 점　　② 외출하기 전에 살펴야 할 점
   ③ 화장실을 수리하기 전에 살펴야 할 점　　④ 전기 요금을 아끼기 위해 살펴야 할 점

2. 이 글의 내용과 다른 것을 고르십시오. (　　)
   ① 교통이 편리한 집이 살기 좋다.
   ② 설거지를 할 때 물이 잘 나와야 한다.
   ③ 창문이 크면 겨울에 난방비가 많이 나온다.
   ④ 병원이 근처에 있으면 갑자기 아플 때 편하게 이용할 수 있다.

단어장
변기
햇빛
아끼다
전기요금이 나오다
마지막

이야기해 봅시다

• 살고 있는 집에 대해서 친구와 대화해 보십시오.

말하기 Tip

민지 씨는 어떤 집에 살고 있어요?
그 집은 어디에 있어요?
그 집의 장점과 단점은 뭐예요?

16과 쓰기

◉ 여러분이 앞으로 살고 싶은 집에 대해 써 보십시오.

처음	살고 있는 집의 종류와 위치	
	특징 (장점, 단점)	
가운데	앞으로 살고 싶은 집의 조건과 그 이유	
끝	마무리	

쓰기 길잡이

살고 있는 집의 장점	-기 편하다 -거나 -기 좋다 -(으)ㄹ 데가 많다	살고 있는 집의 단점	-밖에 -기 불편하다 / 어렵다 -(으)ㄹ 수 없다 -(으)ㄹ 데가 적다
앞으로 살고 싶은 집	-아/어야 하다 -았/었으면 좋겠다	그 이유	-기 때문이다

▶ 위의 글을 원고지에 써 보십시오.

집

항목	종류	관련 문장
집 가격	월세, 전세, 매매 보증금	월세가 비싸다 보증금이 싸다
집 구조	방향 – 남향, 동향, 서향, 북향 베란다	집이 남향이다 베란다가 있다 / 크다 / 작다
집 안 상황	햇빛이 잘 들어오다 바람이 잘 통하다 수납공간	집이 밝다 / 어둡다 시원하다 / 덥다 수납공간이 많다 / 적다
집 밖 상황	안전 / 위험하다 전망	동네가 안전하다 전망이 좋다 / 예쁘다
주변 환경	교통 – 지하철역, 버스정류장	근처에 지하철역이 있다
	편의 시설 – 병원, 학교, 미용실 백화점, 공원, 은행 등	걸어서 10분 거리에 병원이 있다.

17과 기무라 씨가 병원에 입원했다고 해요.

학습목표

| 대화 소식 전하기
| 듣고 말하기 병문안

| 듣기 라디오 방송 사연
| 읽기 집들이 선물
| 쓰기 선물의 의미

| 문법과 표현1 간접 인용 – 평서문
| 문법과 표현2 간접 인용 – 의문문
| 문법과 표현3 간접 인용 – 청유문
| 문법과 표현4 간접 인용 – 명령문
| 어휘+
간접 인용 – 주다

49

왕 붕 : 안녕하세요? 송영 씨!

송 영 : 네. 왕붕 씨. 잘 지내시죠?

왕 붕 : 혹시 기무라 씨 소식 들었어요?

송 영 : 무슨 소식이요?

왕 붕 : 조금 전에 소피아 씨를 만났는데 기무라 씨가 병원에 입원했다고 해요.

송 영 : 그래요? 왜 입원했어요?

왕 붕 : 어제 계단에서 넘어졌다고 해요. 다리를 많이 다친 것 같아요.

송 영 : 어느 병원이에요?

왕 붕 : 한마음 병원이라고 해요.

송 영 : 그럼, 병문안 가야겠네요.

왕 붕 : 저도 소피아 씨와 병문안 가기로 했어요.

송 영 : 그래요? 그럼 같이 가요. 몇 시가 좋겠어요?

왕 붕 : 제가 소피아 씨와 이야기해 볼게요.

이야기해 봅시다

단어장
입원하다
병문안
예식장

● 다음의 내용으로 위의 **대화**처럼 친구와 대화해 보십시오.

들은 이야기 1	들은 이야기 2	장소	약속
병원에 입원하다	계단에서 넘어지다 / 다리를 다치다	한마음 병원	병문안을 가다
결혼을 하다	호주에서 여자 친구를 만나다 / 1년 동안 사귀다	행복 예식장	결혼식에 가다
이사를 하다	아파트로 이사하다 / 회사에서 가깝다	무지개 아파트	집들이를 가다

간접 인용 – 평서문

과거		현재		미래	
과거	-았/었다고 하다	현재	-ㄴ/는다고 하다	미래	-(으)ㄹ 거라고 하다
	-이었/였다고 하다		-다고 하다		-겠다고 하다
			(이)라고 하다		일거라고 하다

※ 나 → 자기

-다고 해요=-대요, (이)라고 해요=(이)래요, -(으)ㄹ 거라고 해요=-(으)ㄹ 거래요

예 문

요즘 날씨가 많이 춥다고 해요.
학생들이 숙제를 다 했다고 해요.
송영 씨는 내년에도 한국에서 계속 살 거라고 해요.

연 습

1. "주말마다 영화를 봐요." 가 : 송영 씨가 뭐라고 했어요?
   나 : ________________
2. "친구와 점심을 먹었어요." 가 : 왕붕 씨가 뭐라고 했어요?
   나 : ________________
3. "내일은 더울 거야." 가 : 아버지께서 뭐라고 하셨어요?
   나 : ________________
4. "저는 가수가 되고 싶어요." 가 : 민지 씨가 뭐라고 했어요?
   나 : ________________
5. "제 고향은 부산입니다." 가 : 동우 씨가 뭐라고 했어요?
   나 : ________________

말해 봅시다

• 〈보기〉와 같이 말해 보십시오.

뉴스를 말씀드리겠습니다.
오늘은 한국 최고의 명절, 설날입니다. 어제 기차역에는 고향으로 떠나는 사람들이 많았습니다. 오늘 아침에는 한복을 입은 사람들의 모습을 많이 볼 수 있습니다. 친척들에게 새해 인사를 하러 가는 사람들입니다. 내일 설날 연휴가 끝납니다. 오후에는 집으로 돌아가는 사람들 때문에 도로가 많이 막히겠습니다.

보 기

오늘은 한국 최고의 명절, 설날이라고 합니다.

단어장
연휴

간접 인용 – 의문문

과거		현재		미래	
	-았/었냐고 하다		-냐고 하다		-(으)ㄹ 거냐고 하다
	이었/였냐고 하다		(이)냐고 하다		

※ -냐고 해요=-냬요

예문

언니가 오늘 학교에 가냐고 했어요.
동생이 몇 시에 밥을 먹었냐고 했어요.
제임스 씨가 앞으로 무엇을 할 거냐고 물었어요.

연습

1. "여기가 서면역이에요?" 가 : 송영 씨가 뭐라고 했어요?
나 : ______________________

2. "제임스가 학생이었어?" 가 : 왕붕 씨가 뭐라고 했어요?
나 : ______________________

3. "점심에 뭐 먹었어?" 가 : 아버지께서 뭐라고 하셨어요?
나 : ______________________

4. "어디로 여행을 갈 거예요?" 가 : 민지 씨가 뭐라고 했어요?
나 : ______________________

5. "무슨 책을 읽어요?" 가 : 동우 씨가 뭐라고 했어요?
나 : ______________________

말해 봅시다

• 〈보기〉와 같이 친구들과 대화해 보십시오.

보기

선생님 : 오늘 왕붕 씨가 학교에 안 왔네요. 왕붕 씨 집이 어디예요?
꾸 언 : 저도 잘 몰라요. 나중에 전화로 물어 볼게요.

꾸 언 : 선생님께서 왕붕 씨 집이 어디냐고 물어 보셨어요.
왕 붕 : 장전동이에요. 학교 근처예요.

꾸 언 : 선생님, 왕붕 씨 집은 장전동이래요. 학교 근처래요.

선생님의 질문	
집이 어디예요?	취직했어요?
왜 학교에 안 와요?	토픽 시험에 합격했어요?

단어장
취직하다

간접 인용 – 청유문

현재	-자고 하다
	-지 말자고 하다

※ -자고 해요=-재요

예 문

동생이 이제 싸우지 말자고 했어요.
친구가 내일부터 같이 운동하자고 했어요.
아버지께서 주말에 함께 청소하자고 하셨어요.

연 습

1. "같이 도서관에서 공부해요." 가 : 송영 씨가 뭐라고 했어요?
   나 : ______________________
2. "같이 영화를 봅시다." 가 : 왕붕 씨가 뭐라고 했어요?
   나 : ______________________
3. "수업 끝나고 만나자." 가 : 아버지께서 뭐라고 하셨어요?
   나 : ______________________
4. "매일 같이 운동할까?" 가 : 민지 씨가 뭐라고 했어요?
   나 : ______________________
5. "저녁에 같이 커피 한 잔 할래?" 가 : 동우 씨가 뭐라고 했어요?
   나 : ______________________

말해 봅시다

• <보기>와 같이 친구들과 대화해 보십시오.

보 기

꾸　언 : 우리 동우랑 같이 볼링 치러 갈까?
소피아 : 그래. 좋아. 내가 동우에게 물어 볼게.

소피아 : 꾸언이 같이 볼링 치자고 했어. 어때?
동　우 : 미안해. 난 다른 약속이 있어.

소피아 : 동우가 다른 약속이 있어서 못 간대.
꾸　언 : 그래? 그럼 우리 둘이 가자.

친구의 제안	
볼링 치러 가다	수영 학원에 등록하다
머드 축제에 가 보다	댄스 동아리에 가입하다

단어장

간접 인용 – 명령문

현재	-(으)라고 하다
	-지 말라고 하다

※ -(으)라고 해요= (으)래요, -지 말라고 해요=지 말래요

예 문

누나가 방을 깨끗이 청소하라고 했어요.
선생님께서 늦지 말라고 말씀하셨어요.
형이 아이스크림을 사 오라고 했어요.

연 습

1. "회식에 꼭 참석하십시오. 그리고 회사에 늦지 마십시오."
가 : 사장님이 뭐라고 하셨어요?
나 : ______________________

2. "기침을 많이 하면 이 약을 드세요. 그리고 술은 마시지 마세요."
가 : 의사 선생님이 뭐라고 하셨어요?
나 : ______________________

3. "숙제를 다 하고 놀아라. 그리고 동생하고 싸우지 마라."
가 : 부모님께서 뭐라고 하셨어요?
나 : ______________________

말해 봅시다

단어장
시간을 어기다

• 〈보기〉와 같이 친구들과 대화해 보십시오.

보 기

송 영 : 선생님께서 뭐라고 하셨어?
꾸 언 : 책을 큰 소리로 읽으라고 하셨어.

대상	한 말
선생님	책을 큰 소리로 읽으세요.
옷가게 직원	옷을 바꾸려면 일주일 안에 오세요.
박물관 직원	박물관 안에서 사진을 찍지 마세요.
병원 직원	예약 시간을 어기지 마세요.

말해 봅시다

• 다음 편지를 읽고 아래와 같이 대화해 보십시오.

민지에게

민지야, 그 동안 잘 지냈어? 나는 지금 회사일 때문에 미국에 있어.

일이 많아서 너무 바쁘지만 너희들을 생각하면 힘이 나. 너와 송영이 많이 보고 싶어. 다음 주에 한국에 돌아갈 거야. 다음 주에 너하고 송영하고 시간이 있니? 시간이 있으면 만나자. 내가 미국에서 야구 모자를 사 갈 테니까 너희들이 맛있는 한국 음식을 사 줘. 알겠지?

또 연락할게.

7월 23일

제임스가

민 지 : 어제 제임스한테 편지를 받았어.

송 영 : 그래? 제임스는 어디에 있니?

민 지 : 제임스는 지금 회사일 때문에 1. ________________

우리가 많이 보고 싶다고 했어.

송 영 : 나도 제임스가 보고 싶어. 언제 한국에 온다고 했어?

민 지 : 2. ________________

그리고 우리한테 다음 주에 시간이 3. ________________

송 영 : 응. 난 시간이 있어.

민 지 : 제임스가 시간이 있으면 4. ________________

그리고 제임스가 미국에서 야구 모자를 사 올 테니까 맛있는 한국 음식을

5. ________________

송 영 : 그래? 하하. 제임스가 오면 맛있는 것을 사 주자.

단어장

50

왕 붕 : 송영 씨도 기무라 씨 병문안을 가고 싶대요.

소피아 : 그래요? 그럼 같이 가요.

왕 붕 : 송영 씨가 몇 시에 가면 좋겠냐고 물었어요.

소피아 : 기무라 씨가 오후에 오라고 했어요. 2시쯤이 좋을 것 같아요.

왕 붕 : 네. 그럼 제가 송영 씨에게 한마음 병원 앞에서 2시에 만나자고 할게요. 그런데 뭘 사 가면 좋을까요?

소피아 : 기무라 씨가 커피를 마시고 싶대요. 오는 길에 커피를 좀 사 달라고 했어요.

왕 붕 : 그럼 제가 커피를 사 가지고 갈게요.

소피아 : 그래요. 저는 송영 씨하고 함께 과일과 빵을 사 가지고 갈게요.

왕 붕 : 네. 내일 만나요.

단어장
세제

이야기해 봅시다

• 다음의 내용으로 친구와 약속을 정하는 말하기를 해 보십시오.

할 일	시간	장소	사 갈 것
생일 파티에 가다	저녁 / 6시쯤	지하철역 앞 / 5시 반	케이크 / 꽃다발과 와인
집들이에 가다	토요일 / 오후 6시쯤	무지개 아파트 앞 / 6시	휴지 / 세제

17과 듣기

• 다음을 보고 이야기해 보십시오.

◉ 다음을 듣고 물음에 답하십시오. 🎧 51

1. 오늘은 무슨 날입니까?

____

2. 들은 내용과 같은 것을 고르십시오. (　　)
   ① 동우 씨는 아침에 미역국을 끓였습니다.
   ② 동우 씨는 미역국을 먹고 시험에 떨어졌습니다.
   ③ 동우 씨는 어머니께 화를 낸 것을 사과하고 싶어 합니다.
   ④ 동우 씨는 어머니의 생신을 축하하려고 케이크를 샀습니다.

단어장

사연
기말 시험을 치다
시험에 떨어지다
전하다
방송
교환권
신청곡
사과하다

이야기해 봅시다

• 친구나 가족에게 전하고 싶은 말을 쓰십시오. 그리고 여러분이 라디오 DJ가 되어서 읽어보십시오.

말하기 Tip

다음은 부산시 금정구에서 기무라 씨가 보낸 사연입니다.

• 다음을 보고 이야기해 보십시오.

• 다음 글을 읽고 물음에 답하십시오.

오늘 이사를 하고 처음으로 친구들을 집으로 초대해서 집들이를 했다. 그런데 초대를 받은 한국 친구들이 비슷한 선물을 가지고 왔다. 모두 휴지나 세제였다. 나는 조금 이상하다는 생각이 들었다. 우리나라에서는 친구 집에 초대받았을 때 자기가 주고 싶은 선물을 준비하기 때문이다. 그래서 친구들에게 휴지와 세제를 가지고 온 이유를 물어 보았다.

한국에서는 집들이에 갈 때 세제나 휴지를 선물한다. 세제는 빨래를 할 때 거품이 많이 난다. 그래서 거품처럼 돈을 많이 벌 수 있다고 생각한다. 그리고 휴지는 길게 나오기 때문에 좋은 일이 계속 있을 거라고 한다.

친구의 이야기를 듣고 오늘 받은 세제와 휴지가 더 특별해 보였다.

1. 무엇에 대해 이야기하고 있습니까?

____

2. 이 글의 내용과 같은 것을 고르십시오. (　　)

① 한국에서는 이사하기 전에 친구들을 초대한다.
② 세제는 돈을 많이 번다는 의미가 있어서 선물한다.
③ 휴지를 선물하는 것은 그 집에서 오래 살라는 의미이다.
④ 한국에서는 집들이에 갈 때 자기가 주고 싶은 선물을 사서 간다.

단어장
거품이 나다

이야기해 봅시다

• 여러분 나라에서는 집들이에 무슨 선물을 가지고 갑니까?

17과 쓰기

◉ 여러분 나라에서는 언제 특별한 선물을 합니까? 다음의 내용을 모두 써 보십시오.

① 언제, 누구에게, 무엇을 선물합니까?
② 무슨 의미가 있습니까?

간접인용-주다

(자기에게) 달라고 하다

형이 → 동생에게 "(나에게) 물을 줘."
형이 동생에게 물을 달라고 했어요.

(다른 사람에게) 주라고 하다

형이 → 동생에게 "누나한테 물을 줘."
형이 (동생에게) 누나에게 물을 주라고 했어요.

• 다음 그림을 보고 말해 봅시다.

어머니께서 오빠에게 동생에게 과자 좀 주라고 하셨어요.

의사 선생님께서 간호사에게 환자에게 약을 주라고 하셨어요.

동우 씨가 식당 직원에게 물 좀 달라고 했어요.

민지가 다른 학생들에게 조용히 해 달라고 했어요.

18과 파마를 하려고 미용실에 갔어요.

학습목표

| **대화** 미용실 이용 경험
| **듣고 말하기** 미용실에서 머리하기

| **듣기** 한국 미용실의 특별한 서비스
| **읽기** 남성 전문 미용실
| **쓰기** 나의 미용실 경험

| **문법과 표현1** -는 동안에
| **문법과 표현2** -(으)ㄹ 뻔하다
| **문법과 표현3** -(으)려고

| **어휘+**
머리 모양
미용실

대화 미용실 이용 경험

52

꾸 언 : 민지야, 과제 다 제출했어?

민 지 : 응. 다 했어. 근데 과제가 너무 많아서 이틀 동안 밤을 새웠어.

꾸 언 : 정말 피곤했겠다!

민 지 : 응. 피곤해서 죽을 뻔 했어.

꾸 언 : 어, 근데 너 좀 달라졌네!

민 지 : 오늘 오전에 파마했어. 어때?

꾸 언 : 잘 어울려. 어느 미용실에서 했어?

민 지 : 학교 앞에 있는 단골 미용실에서 했어. 거기가 머리를 잘해.

꾸 언 : 나도 머리를 잘라야 하는데 거기 한번 가 볼까?

민 지 : 그래? 그럼 내가 같이 가 줄까?
네가 머리를 하는 동안에 내가 옆에 있으면 심심하지 않을 거야.

꾸 언 : 고마워. 내가 맛있는 거 사 줄게.

단어장

제출하다
밤을 새우다
파마하다
단골
졸업 논문
통과하다
염색
인턴
야근하다
커트

이야기해 봅시다

- 다음의 내용으로 위의 **대화**처럼 친구와 대화해 보십시오.

상황	피곤한 이유	머리 스타일	장소
과제를 제출하다	이틀 동안 밤을 새우다	파마	학교 앞
졸업 논문을 통과하다	한 달 동안 도서관에 있다	염색	집 근처
인턴일이 끝나다	매일 야근을 하다	커트	남포동

-는 동안에

예 문

동　우 : 소피아 씨, 한국에 올 때 시간 많이 걸렸죠?
소피아 : 네. 27시간 정도 걸렸어요.
동　우 : 오는 동안에 심심하지 않았어요?
소피아 : 영화도 보고 책도 읽어서 괜찮았어요.

연 습

1. 가 : 아르바이트를 언제 해 봤어요?
   나 : ______________________________
2. 가 : ______________________________ 뭐 해요?
   나 : 휴대폰을 보거나 음악을 들어요.
3. 가 : 아이가 잘 때 엄마는 뭐 해요?
   나 : ______________________________
4. 가 : 동우야, 내 피자 못 봤어?
   나 : ______________________________

말해 봅시다

- 〈보기〉와 같이 친구들과 대화해 보십시오.

보 기

가 : 고향에서 한국까지 어떻게 왔어요?
나 : 비행기로 왔어요.
가 : 비행기로 얼마나 걸려요?
나 : 10시간 정도 걸려요.
가 : 비행기를 타고 오는 동안에 뭐 했어요?
나 : 책도 읽고 영화도 봤어요.

단어장
대청소

–(으)ㄹ 뻔하다

※ 하마터면

예 문

안 나 : 기온이 많이 떨어져서 길이 다 빙판길이네요.
제임스 : 맞아요. 오늘 아침에 길이 너무 미끄러워서 하마터면 넘어질 뻔했어요.
안 나 : 어머, 다행이에요.
제임스 : 안나 씨도 퇴근길에 조심하세요.

연 습

1. 가 : 고향에는 잘 도착했어요?
   나 : 네. 그런데 늦잠을 자서 비행기를 ______________________
2. 가 : 치과 치료를 받았다고 들었어요? 어땠어요?
   나 : 너무 아팠어요. 하마터면 ______________________
3. 가 : 어제 본 영화 재미있었어요?
   나 : 네. 그런데 너무 무서워서 하마터면 ______________________
4. 가 : 지난 주말이 안나 씨 결혼기념일이었지요?
   나 : 맞아요. 그런데 요즘 너무 바빠서 결혼기념일을 ______________________

말해 봅시다

● 〈보기〉와 같이 친구들과 대화해 보십시오.

보 기

가 : 무슨 일 있었어요? 안색이 안 좋아 보여요.
나 : 아침에 운전하면서 전화하다가 사고가 날 뻔했어요.
가 : 어머! 큰일 날 뻔했네요.

상황	가능
운전하면서 전화하다	사고가 나다
버스에서 내리다	오토바이에 부딪히다
지하철에서 졸다	지갑을 잃어버리다

단어장
하마터면
빙판길
안색
졸다

-(으)려고

예문

기무라 : 한복을 또 샀어요?
민 지 : 네. 제 것은 아니고 친구에게 선물로 주려고 샀어요.
기무라 : 색깔이 아주 곱네요. 친구가 좋아하겠어요.
민 지 : 그래요? 아주 오랫동안 고민하고 골랐어요.

연습

1. 가 : 왜 아르바이트를 해요?
   나 : ______________________________

2. 가 : 왜 인터넷으로 책을 사요?
   나 : ______________________________

3. 가 : 추운데 왜 창문을 열어요?
   나 : ______________________________

4. 가 : 왜 주말마다 찜질방에 가요?
   나 : ______________________________

말해 봅시다

- 〈보기〉와 같이 친구들과 대화해 보십시오.

보기

가 : 왜 매일 걸어서 다녀요?
나 : 용돈을 아끼려고 걸어서 다녀요.
가 : 좋은 습관이네요.

상황	이유
걸어서 다니다	용돈을 아끼다
자기 전에 일기를 쓰다	하루를 반성하다
항상 일찍 출발하다	약속에 늦지 않다

단어장
곱다
반성하다

53

미용사 : 어서 오세요. 이쪽으로 앉으세요. 머리를 어떻게 해 드릴까요?

안 나 : 이 사진처럼 머리를 하고 싶어요. 저한테 어울릴까요?

미용사 : 손님에게 잘 어울릴 것 같은데…….
파마도 하고 염색도 하셔야겠네요.

안 나 : 그럼 오늘 다 할 수 있어요?

미용사 : 오늘은 파마만 하시고 염색은 다음 주에 하세요. 안 그러면 머리가 많이 상해요.

안 나 : 네. 그렇게 할게요. 그리고 앞머리도 좀 골라 주세요.

미용사 : 알겠습니다.

(잠시 후)

미용사 : 손님, 다 되었습니다. 머리가 마음에 드세요?

안 나 : 네. 마음에 들어요. 고맙습니다. 얼마예요?

미용사 : 이번 달까지 할인 행사를 합니다. 그래서 행사를 하는 동안에는 20% 할인을 해 드립니다.

안 나 : 그럼, 얼마예요?

미용사 : 십만 원인데 할인해서 팔만 원입니다.

안 나 : 여기 있어요.

미용사 : 고맙습니다. 안녕히 가세요.

단어장

머리가 상하다
앞머리
(머리를) 고르다

이야기해 봅시다

- 여러분은 한국에 있는 미용실에서 머리를 해 본 경험이 있습니까?

18과 듣기

• 여기는 미용실입니다. 다음을 보고 이야기해 보십시오.

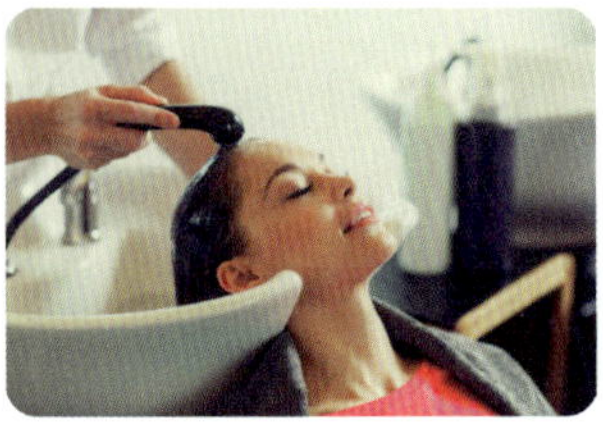
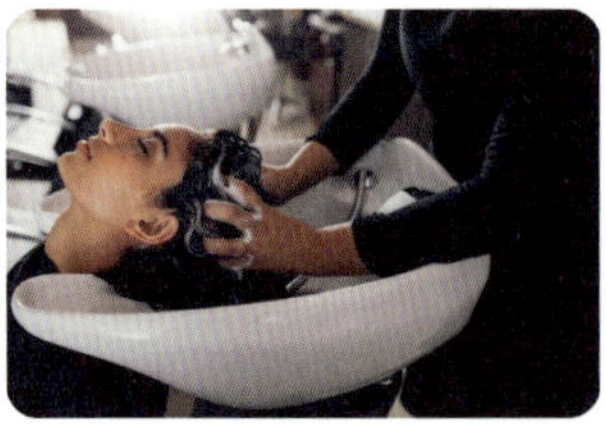

◉ 다음을 듣고 물음에 답하십시오. 🎧 54

1. 여자는 무엇에 대해 이야기하고 있습니까?

____

2. 들은 내용과 같은 것을 고르십시오. (　　)

① 여자는 한국에 오자마자 한국 미용실을 경험했다.

② 여자는 미용실 직원이 큰 소리로 불러서 깜짝 놀랐다.

③ 여자는 머리를 한 후 비싼 요금 때문에 기분이 좋지 않았다.

④ 여자는 미용사와 함께 자신에게 어울리는 머리 스타일을 찾았다.

단어장

교환학생
낯설다
두피마사지
잠이 들다
요금
발걸음이 가볍다

이야기해 봅시다

• 한국의 미용실을 이용해 본 경험에 대해서 친구와 대화해 보십시오.

말하기 Tip

소피아 씨는 한국의 미용실에 가 본 적이 있어요?
어떤 서비스를 받았어요?
또 어떤 서비스가 있었으면 좋겠어요?

18과 읽기

• 다음을 보고 이야기해 보십시오.

◉ 다음 글을 읽고 물음에 답하십시오.

한국은 예전에 남자와 여자가 머리를 하는 곳이 달랐다. 남자가 머리를 깎는 곳은 '이발소'라고 했고 여자가 머리를 하는 곳은 '미용실'이라고 했다. 이발소에서는 주로 남자이발사가 머리를 깎아 주었고 염색과 면도도 함께 해주었다. 그러나 이제 이발소는 거의 사라졌다. 요즘은 남자들도 미용실에 가서 머리를 깎는다. 미용실의 머리 모양이 이발소보다 더 다양하고 새롭다고 생각하기 때문이다.

그런데 요즘은 남성 전문 미용실이 있어서 남자들이 많이 이용한다. 이곳에서는 미용사도 대부분 남자고 손님도 모두 남자이기 때문에 남자들이 미용실보다 더 마음 편하게 머리를 깎을 수 있다고 한다. 그리고 피부 관리와 남자들의 최대 고민인 대머리 관리를 해 주는 곳도 있다고 한다.

1. 한국에서 이발소가 사라지고 있는 이유는 무엇입니까?

---

2. 이 글의 내용과 같은 것을 고르십시오. (　　)

① 이발소에서는 여자 이발사가 머리를 깎아 준다.
② 한국에서는 예전보다 이발소가 더 많아지고 있다.
③ 여성 손님은 남성 전문 미용실을 이용하지 않는다.
④ 대머리인 남성을 위해 남성 전문 미용실이 새로 생겼다.

단어장

(머리를) 깎다
주로
이발사
면도
이발소
전문
대부분
최대
대머리
관리(하다)

이야기해 봅시다

• 전문 미용실에 대해 친구와 대화해 보십시오.

말하기 Tip

꾸언 씨 나라에는 어떤 전문 미용실이 있어요?
어떤 전문 미용실이 생겼으면 좋겠어요?

18과 쓰기

◉ 여러분은 미용실에 가 본 적이 있습니까? 다음의 내용을 모두 써 보십시오.

① 언제, 어디에서 머리를 했습니까?
② 어떤 머리를 했습니까?
③ 머리를 하는 동안에 무엇을 했습니까?
④ 머리를 하니까 어땠습니까? (머리 모양, 기분 등)

18과 어휘+

머리 모양

긴 머리

커트 머리

단발 머리

파마 머리

미용실

파마하다

염색하다

자르다 / 깎다

고르다 / 다듬다

감다

말리다 / 드라이하다

[ㅇ]

[ㅈ]

1 과

듣기 1. 녹차 빵, 녹차 아이스크림, 녹차 초콜릿, 녹차 라면
2. ②

읽기 1. 보통 새벽 2시까지 공부하기 때문에 자주 지각을 합니다.
2. ②

2 과

듣기 1. 부부 (남편과 아내)
2. ②

읽기 1. 꽃가루 때문에 병이 생길 수 있어서 조심해야 합니다.
2. ③

3 과

듣기 1. 6시에 퇴근합니다.
2. ①

읽기 1. 운동을 할 수 있어서 엘리베이터를 타지 않습니다.
2. ④

4 과

듣기 1. 안나: 마트에서 장을 봤습니다.
제임스: 백화점에서 쇼핑을 했습니다.
(백화점에서 등산화를 샀습니다.)
2. ②

읽기 1. ① 아버지 – 너그럽다,
② 어머니 – 까다롭다,
③ 나 – 적극적이다,
④ 동생 – 급하다
2. ②

5 과

듣기 1. 우체국에 가려고 합니다.
2. ④

읽기 1. 먼 곳으로 가야 하면 지하철을 탑니다.
2. ④

6 과

듣기 1. 다리를 다쳤습니다.
2. ③

읽기 1. 열이 많이 나고 두통도 있습니다. 그리고 기침도 하고 콧물도 많이 납니다.
2. ④

7 과

듣기 1. 친구와 같이 쇼핑도 하고 맛있는 음식도 먹고 싶어 합니다.
2. 부산의 경치를 한눈에 볼 수 있기 때문입니다.
3. ③

읽기 1. 경주박물관 → 불국사 → 첨성대 → 월지 → 경주역
2. ③

8 과

듣기 1. 송편은 추석이 먹는 떡입니다.
2. ①

읽기 1. 윷놀이의 역사는 1000년 정도 되었습니다.
2. ④

9 과

듣기 1. 회사 일 때문에 스트레스가 심합니다.
2. ③

읽기 1. 달리기입니다.
2. ②

10 과

듣기 1. 이번 주 금요일에 마이클 씨 송별회를 하는데 초대하려고 전화했습니다.
2. ④

읽기 1. 전화통화를 할 때의 예절
2. ④

11 과

듣기 1. 사람들이 피로를 풀기 위해 가는 곳입니다.
2. 찜질과 목욕을 할 수 있습니다. 그리고 잠을 자거나 책을 읽을 수도 있습니다.
3. ①

읽기 1. 겨울에 맛있는 음식을 먹기 위해 여름부터 열심히 일을 했습니다.
2. ②

12 과

듣기 1. 빨리 나오는 음식을 먹으려고 합니다.
2. ②

읽기 1. 작은 씨앗을 하나 주었습니다.
2. ④

13 과

듣기 1. 가을 2. ④

읽기 1. ① 2. ④

14 과

듣기 1. 양념치킨 한 마리와 콜라 큰 거 한 병을 주문했습니다.
2. ④

읽기 1. ④ 2. ④

15 과

듣기 1. 할머니께서 보내신 택배를 가져왔습니다.
2. ②

읽기 1. 한 친구 : 곰을 보자마자 혼자서 나무 위로 올라가서 숨었다.
다른 친구 : 도망갈 수 없어서 땅바닥에 누워서 죽은 척했다.
2. ②

16 과

듣기 1. 집에 문제가 있어서 전화를 했습니다.
2. ④

읽기 1. ① 2. ③

17 과

듣기 1. 동우의 기말 시험을 치는 날이면서 동우 어머니의 생신입니다.
2. ③

읽기 1. 집들이 선물(의 의미)
2. ②

18 과

듣기 1. 한국 미용실에 대해 이야기하고 있습니다.
2. ④

읽기 1. 미용실의 머리 모양이 이발소보다 더 다양하고 새롭다고 생각하기 때문이다.
2. ③

14p 1과 왜 늦었어요?

듣기 03

녹차는 건강에 좋기 때문에 사람들이 많이 마십니다. 그리고 살을 빼고 싶은 사람들도 녹차를 즐깁니다. 녹차는 마트에서도 많이 팝니다. 그래서 사람들은 녹차를 쉽게 살 수 있습니다. 녹차가 들어간 상품이 많이 나왔습니다. 녹차 빵, 녹차 아이스크림, 녹차 초콜릿, 녹차 라면이 있습니다. 밥에 넣어 먹는 녹차가루도 있습니다. 그리고 올해는 녹차가 들어간 비누까지 나왔습니다. 앞으로도 사람들은 건강 때문에 녹차 상품에 계속 관심을 가질 것입니다.

PNU 뉴스 김은주입니다.

24p 2과 오후에 눈이 올 것 같아요.

듣기 06

아내 : 여보, 밖에 비가 와요. 우산 가져가세요.
남편 : 차를 타고 가니까 괜찮아요. 그리고 비가 금방 그칠 것 같아요.
아내 : 아니에요. 나중에는 비가 더 많이 올 거예요.
남편 : 그래요? 그러면 우산을 가져갈게요. 어, 그런데 내 우산 어디 있어요?
아내 : 거기 신발장 안에 있어요.
남편 : 없어요.
아내 : 아, 맞다! 지난 번 동창회에 당신 우산을 가지고 갔어요.
그 때 식당에 두고 온 것 같아요.
남편 : 알았어요. 그럼, 출근하면서 우산 하나 살게요.

34p 3과 늦게 일어나서 아침을 못 먹었어요.

듣기 09

제임스 : 은주 씨, 오늘 몇 시에 퇴근할 거예요?
은 주 : 오늘은 일이 없어서 6시에 할 거예요. 왜요?
제임스 : 같이 저녁을 먹고 싶어서요. 시간이 있어요?
은 주 : 미안해요. 저는 요즘 춤을 배우러 댄스학원에 다니고 있어요.
제임스 : 춤을 배워요?
은 주 : 네, 춤은 재미있게 배울 수 있어서 지루하지 않아요.
제임스 : 무슨 춤을 배워요?
은 주 : K-POP 댄스를 배워요.
제임스 : 재미있겠네요. 저.... 은주 씨가 다니는 학원에 남자도 있어요?
은 주 : 그럼요. 요즘에는 남자들도 춤을 배우러 많이 와요.
제임스 : 그럼... 저도 오늘 한번 가 볼까요?
은 주 : 네. 같이 가요.

44p 4과 새 옷을 입어서 예뻐 보여요.

듣기 12

제임스 : 안나 씨, 어디에 갔다 와요?
안 나 : 마트에 다녀오는 길이에요.
제임스 : 장바구니가 무거워 보이네요.
안 나 : 내일 아이 생일이라서 장을 많이 봤어요.
그런데 제임스 씨는 어디에서 오는 길이에요?
제임스 : 저는 백화점에서 쇼핑하고 오는 길이에요.
내일 주말이라서 등산을 가려고 해요. 그래서 등산화를 샀어요. 이 신발 어때요?
안 나 : 편해 보이네요. 등산 잘 다녀오세요.
제임스 : 네.

54p 5과 똑바로 가다가 오른쪽으로 가세요.

듣기 15

제임스 : 저, 실례합니다. 학교 안에 우체국이 있어요?
행 인 : 네, 있어요.
제임스 : 여기에서 우체국까지 어떻게 가야 해요?
행 인 : 이 길로 쭉 가면 사거리가 있어요. 사거리에서 오른쪽으로 가면 도서관이 보일 거예요. 도서관 건너편에 우체국이 있어요.
제임스 : 아, 그래요? 여기서 멀어요?
행 인 : 아니요. 걸어서 5분 정도 걸려요.
제임스 : 네. 감사합니다.

64p 6과 병원에 가서 주사를 맞았어요.

듣기 18

의사 : 어떻게 오셨습니까?
왕붕 : 다리를 다쳐서 왔어요.

의사 : 어쩌다가 다치셨어요?
왕붕 : 농구를 하다가 넘어졌어요. 발목을 삔 것 같아요.
의사 : 그럼 먼저 엑스레이를 찍어 봅시다.

의사 : 사진을 보니까 뼈에 이상은 없네요.
왕붕 : 그런데 너무 아파요. 움직일 수도 없어요.
의사 : 너무 걱정하지 마세요. 일주일 동안 치료를 받으면 괜찮아질 거예요.
며칠 동안 움직이지 말고 푹 쉬세요.
왕붕 : 네, 알겠습니다.
의사 : 나가서 처방전을 받아 가세요.
왕붕 : 네, 고맙습니다. 선생님.

74p 7과 부산은 관광할 데가 많아요.

듣기 21
동우 : 송영 씨, 친구와 주말에 갈 데를 정했어요?
송영 : 네. 남포동에 안 가 봐서 가 보려고 해요.
동우 : 남포동에서 뭘 하려고요?
송영 : 친구와 같이 쇼핑도 하고 맛있는 음식도 먹고 싶어요.
동우 : 남포동에는 쇼핑할 데가 많아요. 백화점도 있고 시장도 많아요.
송영 : 맛있는 음식도 많아요?
동우 : 네. 남포동에는 거리 음식이 유명해요. 특히 씨앗호떡이 맛있어요.
송영 : 아~ 빨리 먹어 보고 싶어요.
동우 : 그리고 부산 타워에도 가 보세요. 부산의 경치를 한눈에 볼 수 있어요.
송 영 : 그래요? 벌써 기대가 되네요.

84p 8과 새해 복 많이 받으세요.

듣기 24
기무라 : 민지 씨, 오늘 마트에 왜 이렇게 선물세트가 많아요?
민 지 : 며칠 후면 추석이라서 그래요.
기무라 : 추석이요?
민 지 : 추석은 한국에서 설날처럼 큰 명절이에요.
기무라 : 그럼, 추석에도 떡국을 먹어요?
민 지 : 아니요. 추석에는 송편을 먹어요.
기무라 : 송편이 뭐예요?
민 지 : 추석에 먹는 떡이에요. 송편은 색깔도 다양하고 모양도 예뻐요.
기무라 : 그래요? 저도 한번 먹어 보고 싶네요.
민 지 : 우리 집에서는 송편을 집에서 만들어 먹어요.
한국 사람들은 송편을 예쁘게 만들면 '예쁜 딸을 낳을 거예요.'라고 생각해요.
기무라 : 민지 씨 어머니께서도 송편을 예쁘게 만드셨어요?
민 지 : 그럼요. 저를 보면 모르겠어요?
이번 추석에 송편을 만들면 기무라 씨를 초대할게요.
기무라 : 정말요? 고마워요.

94p 9과 저는 운동을 자주 하는 편입니다.

듣기 27
기무라 : 안나 씨, 무슨 일 있어요? 기분이 안 좋아 보여요.
안 나 : 요즘 회사 일 때문에 스트레스가 심해요. 그래서 잠도 못 자요.
기무라 : 스트레스를 많이 받으면 병에 걸리기 쉬워요.
안 나 : 네. 저도 알아요. 하지만…….
기무라 : 운동을 하면 스트레스가 풀릴 거예요.
안 나 : 운동은 너무 힘들어서 싫어요.
기무라 : 그러면 요가를 해 보는 게 어때요? 요가는 그렇게 힘들지 않아요.
안 나 : 요가요? 저도 하고 싶은데 시간이 없어요.
기무라 : 주말에도 시간이 없어요? 요가는 주말반도 있어요.
안 나 : 그래요? 그럼 한번 생각해 볼게요.

104p 10과 거기 언어교육원이죠?

듣기 30
동 우 : 여보세요?
소피아 : 여보세요? 동우 씨, 마이클 씨가 다음 주에 귀국하는 거 알아요?
동 우 : 네, 들었어요. 소피아 씨는 어떻게 알았어요?
소피아 : 방금 송영 씨에게 들었어요. 그래서 이번 주 금요일에 송별회를 하려고 해요.
동 우 : 좋은 생각이에요. 저도 같이 해요.
소피아 : 그럼 제가 오늘 우정 식당을 예약할 테니까 금요일 5시까지 식당으로 오세요.

동 우 : 알겠어요. 그럼 저는 꽃과 선물을 사 갈게요.
그런데 다른 친구들도 송별회에 와요?
소피아 : 네. 마이클 씨와 함께 공부한 친구들을 모두 초대했어요.
동 우 : 소피아 씨가 준비를 많이 했네요.
소피아 : 아니에요. 그럼 동우 씨, 금요일에 봐요.
동 우 : 네, 소피아 씨. 그날 만나요.

114p 11과 시간 날 때 뭐 하세요?

듣기 33

은 주 : 제임스 씨, 주말에 뭐 할 거예요?
제임스 : 글쎄요. 특별한 계획은 없어요. 왜요?
은 주 : 그러면 저하고 같이 찜질방 갈까요?
제임스 : 찜질방요? 찜질방이 뭐예요?
은 주 : 사람들이 피로를 풀기 위해 많이 가는 곳이에요.
제임스 : 은주 씨는 찜질방에 자주 가는 편이에요?
은 주 : 네. 시간 날 때마다 가요.
제임스 : 찜질방에서 뭐 해요?
은 주 : 찜질을 하러 가는데 목욕도 할 수 있어요. 그리고 잠을 자거나 책을 읽을 수도 있어요.
제임스 : 그래요? 그러면 같이 가요. 그런데... 우리 둘이서 가는 거예요?
은 주 : 네? 아니요. 제 친구도 같이 갈 거예요.
제임스 : 아, 네...

124p 12과 어디 가니?

듣기 36

민지 : 동우야, 점심 먹었어?
동우 : 아니, 수업이 방금 끝나서 아직 못 먹었어. 넌?
민지 : 나도 급하게 해야 할 과제가 있어서 못 먹었어.
그럼 같이 점심 먹으러 갈까?
동우 : 좋아. 근데 어디로 갈까?
민지 : 오후에 동아리 모임이 있어서 간단하게 먹었으면 좋겠어.
동우 : 그럼 빨리 나오는 음식을 먹자.
학교 정문 앞에 있는 분식집에 가는 게 어때?
민지 : 그래 좋아. 거기 칼국수가 맛있었어. 난 칼국수 먹어야겠다.
동우 : 그럼, 난 우동이랑 김밥을 먹을게.
민지 : 어서 가자. 점심시간이라서 사람들이 많을 것 같아.

134p 13과 눈 축제에 가기로 했어.

듣기 39

왕붕 : 민지 씨, 강원도 여행 어땠어요?
민지 : 설악산이 정말 좋았어요. 단풍이 너무 예뻐서 사진을 많이 찍었어요.
왕붕 : 케이블카는 탔어요?
민지 : 네. 케이블카에서 본 설악산이 정말 그림 같았어요.
왕붕 : 저도 설악산에 가고 싶네요. 설악산을 보고 나서 어디에 갔어요?
민지 : 강릉에 갔는데 유명한 커피 거리가 있어서 맛있는 커피를 마셨어요.
왕붕 씨도 커피 좋아하지요?
왕붕 : 물론이죠. 저는 커피를 너무 좋아해서 커피숍 사장이 되는 게 꿈이에요.
민지 : 아! 10월 첫째 주에 강릉에서 커피 축제가 열려요. 거기서 커피와 관련된 여러 행사를 해요. 그리고 다양한 체험도 할 수 있어요.
왕붕 : 그럼 저도 강릉에 한번 가 봐야겠네요.

144p 14과 나는 밀면을 먹을까 해요.

듣기 42

주인 : 네, 꼬꼬 치킨입니다.
송영 : 지금 배달 돼요?
주인 : 네, 됩니다. 그런데 주문이 조금 밀려서 1시간 정도 걸릴 것 같습니다. 괜찮으시겠어요?
송영 : 네, 괜찮아요. 여기 양념치킨 한 마리 배달해 주세요.
주인 : 네, 알겠습니다. 더 필요한 것은 없으세요?
송영 : 콜라도 큰 거 한 병 주세요.
주인 : 네. 어디로 배달해 드릴까요?
송영 : 여기 무지개 아파트 101동 203호예요. 모두 얼마예요?
주인 : 모두 18,000원입니다. 계산은 어떻게 하시겠어요?
송영 : 카드도 되지요?

주인 : 네, 됩니다.
송영 : 그럼 카드로 계산할게요.
주인 : 네, 알겠습니다. 감사합니다.

154p 15과 아이스크림을 먹고 모르는 척해요.

듣기 45

경비실 : 경비실입니다. 택배가 와 있으니 받으러 오세요.
민 지 : 네. 알겠습니다. 감사합니다.

민 지 : 오빠, 일어나 봐. 경비실에서 택배를 좀 찾아 와.
민 승 : (코 고는 소리)
민 지 : 안 자는 거 다 알아. 자는 척하지 말고 빨리 일어나.
민 승 : (코 고는 소리)
민 지 : 오빠, 무거운 거야. 오빠가 가야 해.
민 승 : (코 고는 소리)
민 지 : 오빠, 여자 친구가 보낸 것 같아.
경비실에 물어봤는데 보낸 사람이 여자 이름이야.
민 승 : 그래? 잠깐만 기다려. 금방 가져올게.

민 승 : 야! 할머니께서 보내신 거잖아. 무거워 죽겠네.
민 지 : 여자가 보낸 게 맞잖아~

134p 16과 저하고 집 보러 갈래요?

듣기 48

집주인 : 여보세요.
제임스 : 여보세요. 안녕하세요? 어제 401호로 이사 온 사람이에요.
집주인 : 아, 네. 이사는 잘 하셨어요?
제임스 : 네. 이사는 잘 했는데 집에 문제가 좀 있어요.
집주인 : 무슨 문제가 있어요?
제임스 : 저녁에 좀 추워서 보일러를 켰는데 난방이 안 되는 것 같아요.
집주인 : 그래요? 뜨거운 물은 잘 나와요?
제임스 : 아니요, 뜨거운 물도 안 나와서 어제 찬 물로 샤워했어요.
집주인 : 보일러가 고장 난 것 같네요. 제가 지금 바로 가 볼게요.
제임스 : 지금 말고 나중에 오시면 안 될까요? 제가 퇴근하면 집에 7시쯤 도착해서요.
집주인 : 그럼 7시 반쯤에 갈게요. 제가 먼저 보일러를 살펴보고 안 되면 수리기사를 부를게요.
제임스 : 네. 알겠습니다.

144p 17과 기무라 씨가 병원에 입원했다고 해요.

듣기 51

다음은 부산시 해운대구에서 김동우 씨가 보낸 사연입니다.

오늘이 기말 시험을 치는 날이었다고 합니다. 그런데 아침에 어머니께서 미역국을 끓이셨다고 하네요. 시험 날 미역국을 먹으면 시험에 떨어진다는 이야기 때문에 동우 씨가 어머니께 화를 냈다고 합니다. 그런데 오늘이 어머니의 생신이었다고 하네요. 어머니께 정말 미안하고 사랑한다는 말을 꼭 전해 달라고 합니다. 어머니께서 이 방송을 꼭 들으셨으면 좋겠네요. 김동우 씨께 케이크 교환권 보내드릴게요. 어머니와 좋은 시간 보내세요. 김동우 씨의 신청곡 '어머니'를 들려드리겠습니다.

154p 18과 파마를 하려고 미용실에 갔어요.

듣기 54

안녕하세요? 저는 유럽에서 온 교환학생 엠마입니다. 그동안 한국에서 많은 경험을 했지만 그 중에서 가장 기억에 남는 것은 한국의 미용실입니다. 한국에 온 지 3개월 만에 저는 처음으로 한국 미용실에 머리를 자르려고 갔습니다. 그런데 미용실에 들어가자마자 직원들이 모두 큰 소리로 인사를 해서 깜짝 놀랐습니다. 저는 조금 낯설었지만 그 분위기가 싫지 않았습니다. 미용사는 제게 어울리는 머리 스타일을 함께 찾아 주고 머리를 하는 동안에 음료수와 간식도 준비해 주었습니다. 그리고 두피마사지를 받았는데 아주 시원해서 잠이 들 뻔했습니다. 저는 이런 서비스 때문에 요금이 비쌀 것 같아 걱정했습니다. 그런데 생각보다 비싸지 않았습니다. 머리를 다 하고 집으로 돌아가는 발걸음이 가벼웠습니다. 저는 고향에 돌아가서도 한국의 미용실이 많이 그리울 것 같습니다.

집필진

조영미 연구책임자
부산대학교 언어교육원 한국어교육 책임강사
부산대학교 일반대학원 한국어교육학 박사

김은정 연구위원
부산대학교 언어교육원 한국어강사
부산대학교 일반대학원 외국어로서의 한국어교육 박사수료

김혜영 연구위원
부산대학교 언어교육원 한국어강사
부산대학교 일반대학원 한국어교육학 박사

김민서 연구위원
부산대학교 언어교육원 한국어강사
가톨릭대학교 일반대학원 한국어교육학 석사

| 초급 |

친절한 한국어 2

초판 1쇄 발행 2007년 6월 30일
3판 3쇄 발행 2024년 1월 31일

지은이 부산대학교 언어교육원

표지·내지 디자인 배 영 미
내지 편집 박 지 현
일러스트 삽화 박 유 현

펴낸이 차 정 인
펴낸곳 부산대학교 출판문화원
등록 제카 11-2 1992. 9. 10.
주소 부산광역시 금정구 부산대학로63번길 2
전화 (051) 510 - 1932, 1933, 1935, 1819
전송 (051) 512 - 7812
E-mail pnupress@pusan.ac.kr
홈페이지 http://press.pusan.ac.kr

값 19,000원

ISBN 978-89-7316-614-5 14710
ISBN 978-89-7316-600-8 세트